성공하는 미용사를 위한 성/장/노/트/

부자 미용사 가난한 미용사

성공하는 미용사를 위한 성장노트

부자 미용사 가난한 미용사

2020. 7. 23. 초 판 1쇄 인쇄
2020. 7. 30. 초 판 1쇄 발행

저자와의
협의하에
검인생략

지은이 | 김순덕
펴낸이 | 이종춘
펴낸곳 | BM (주)도서출판 성안당
주소 | 04032 서울시 마포구 양화로 127 첨단빌딩 3층(출판기획 R&D 센터)
10881 경기도 파주시 문발로 112 출판문화정보산업단지(제작 및 물류)
전화 | 02) 3142-0036
031) 950-6300
팩스 | 031) 955-0510
등록 | 1973. 2. 1. 제406-2005-000046호
출판사 홈페이지 | **www.cyber.co.kr**
ISBN | 978-89-315-8948-1 (03320)
정가 | 17,500원

이 책을 만든 사람들
책임 | 최옥현
기획·진행 | 박남균
교정·교열 | 디엔터
표지·본문 디자인 | 디엔터, 박원석
홍보 | 김계향, 유미나
국제부 | 이선민, 조혜란, 김혜숙
마케팅 | 구본철, 차정욱, 나진호, 이동후, 강호묵
마케팅 지원 | 장상범, 조광환
제작 | 김유석

www.cyber.co.kr ★★★
성안당 Web 사이트

■ **도서 A/S 안내**

성안당에서 발행하는 모든 도서는 저자와 출판사, 그리고 독자가 함께 만들어 나갑니다.
좋은 책을 펴내기 위해 많은 노력을 기울이고 있습니다. 혹시라도 내용상의 오류나 오탈자 등이 발견되면 "좋은 책은 나라의 보배"로서 우리 모두가 함께 만들어 간다는 마음으로 연락주시기 바랍니다. 수정 보완하여 더 나은 책이 되도록 최선을 다하겠습니다.
성안당은 늘 독자 여러분들의 소중한 의견을 기다리고 있습니다. 좋은 의견을 보내주시는 분께는 성안당 쇼핑몰의 포인트(3,000포인트)를 적립해 드립니다.

잘못 만들어진 책이나 부록 등이 파손된 경우에는 교환해 드립니다.

성공하는 미용사를 위한 성/장/노/트/

부자 미용사 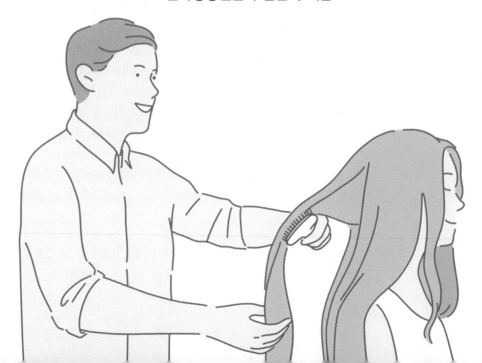 가난한 미용사

변화경영전문가 김순덕 지음

BM (주)도서출판 성안당

지은이

**변화경영전문가
김순덕**

2001년 가을, 미용 재료를 유통하는 재료상으로 미용계에 입문했다. 그 후 모발 상식이라는 주제로 모발학 강사와 스타일링 강사를 하면서 많은 미용실을 알게 되었다. 그 당시 가장 많은 거래를 한 곳은 압구정이나 청담동의 옛폼조성아, 이철헤어커커 본점, 0809, 이희헤어, 최가을헤어드레서, 새리미용실, 김청경헤어, 3STORY BY 강성우 등 약 50여 개에 달하는 소위 말하는 고급살롱들이 대부분이었다. 그로 인해 많은 미용사와 친해질 수 있었고 자연히 미용인의 생리를 바로 옆에서 지켜볼 수 있었다.

그러던 중 특이한 현상을 알게 되었다. 압구정이나 청담동에 있는 미용실은 신규 고객이 무척 적고 다른 지역에 있는 미용실은 신규 고객이 많음에도 불구하고 유독 압구정이나 청담동에 있는 미용사들의 매출액이나 단골 고객이 무척 많았다는 것이다. 그 비결은 바로 '고객관리'였다. 그렇게 2002년 봄 어느 날 강한 신념이 생겨났다. '미용실을 잘되게 만들면 나는 성공한다.'라는 것이었다. 미용실을 잘 되게 만들려면 미용사를 잘되게 하면 되고, 미용사가 잘되려면 매출이나 수익이 아닌 고객관리가 핵심이라는 것을 확신하게 되었다. 이것이 계기가 되어 2002년 봄, 전 세계에서 유례없는 미용사 성장 상담가라는 일을 하기 시작했다. 그로부터 3년간 100여 명의 미용사를 상담하면서 구체적인 미용사 성장 데이터가 완성되어갔다.

2005년부터 미용사와 미용실 조직성장 시스템을 연구하면서 잘되는 미용실을 본격적으로 만들기 시작했다. 그로부터 지금까지 19년 동안 미용실 조직 성장시스템 연구를 계속하였다. 휘오레헤어살롱, 꾸어퍼스트, VOID, 박준헤어살롱, 윤정선헤어클럽, 쎄븐헤어월드, 살롱에이, 미랑컬헤어, 오다헤어, 이철헤어커커, BIT 살롱 본점, 아보브헤어, 슈와리 등 약 100여 개의 지역의 탑브랜드 미용실을 컨설팅하면서 그 데이터를 차곡차곡 더욱 단단하게 만들었다. 현재까지 총 650여 개 미용실 2,000여 명이 넘는 미용사를 성장 패턴 분석하며 연구했다.

현재는 유키헤어 5개 지점, 비욘드헤어 2개 지점, 수풀림헤어, 데몬헤어 3개 지점, 더블류헤어, 스미다헤어, 헬스업계 비나이더 8개점, 요식업계 걸신맛집 4개 지점에서 경영이사 직책으로 그 임무를 꾸준히 이어가며 계속된 연구를 하고 있다.

사람이 오가는 조직에서는 그 성장 원리가 같다. 오직 고객의 기쁨과 즐거운 그리고 행복 이를 통한 구성원 모두의 정신적 물질적 행복 추구 그리고 되물리를 하는 것, 이것이 그 성장 원리이다.

들어가는 말

삶의 아름다움을 추구하는 미용 분야의 매력에 이끌려 지난 20년간 오직 미용인의 성장이라는 화두에 집중하여 얻은 통찰을 바탕으로 교육과 경영 자문을 했으며, 현재 ㈜티멤버스 대표이다. 인간이 추구하는 가장 고귀한 것 중의 하나가 아름다움이고, 특히 고객의 행복과 성장을 통해 나 자신 또한 성장할 수 있음을 몸소 체득한 저자는 미용인들과 함께 호흡하는 호사를 누렸다.

여타의 다른 분야와 마찬가지로 미용 업계에 종사하는 미용인들도 자신만의 일터와 삶에서 자신만의 성공과 행복을 꿈꾼다. 그러나 아주 소수의 사람만이 남다른 만족과 성취를 이룬 것을 저자는 보아왔다. 힘들지만 자신의 마음속 깊은 곳에서 꿈틀거리는 나의 '영혼이 담긴 길'을 가려면, 오늘 내가 직면한 문제가 무엇이고, 그것이 어디서 왜 비롯되었는지 근원을 파악하고, 그로부터 지혜와 통찰을 얻어야 한다. 이 책은 그들이 현재의 위치에 오기까지 디딤돌 역할을 한 원동력과 작지만 강력한 그들만의 비법은 무엇인지 세심하게 관찰하고 검증하고 정리한 결과물이며, 매일 출근하여 곁에 두고 활용할 수 있는 일종의 워크북이다.

새는 나무를 가려서 앉고, 사람은 사람을 가려서 사귄다고들 한다. 사람은 내 인생 최고의 선물이 될 수도 있고 재앙의 근원이 될 수 있기 때문일 것이다. 내가 일할 직장은 내가 고를 수 있지만, 상사나 동료 혹은 고객은 고를 수 없는 것이 현실이다. 그러나 흥미로운 것은 고객이 누구든지 간에 함께 있으면 훨씬 더 행복하고 힘이 생기는 그런 미용인들이 있다. 저자는 '무엇이 이들을 이렇게 특별한 사람으로 만드는 것일까?' 스스로 질문하고, 답을 찾고자 애썼다. 유머 감각, 세상을 살아가는 지혜, 흔히 볼 수 없는 평온함, 여느 젊은이 못지않은 활력까지…. 다양한 장점들이 그들에게 있었다. 그러나 무엇보다 두드러진 것은 고객이 즐겁고 행복할 수 있도록 '지금 자신이 있는 곳'에서, 지금 자신이 '하는 일'을 즐기고 있었다는 점이었다. 또한, 그들은 어떤 경우에도 자신을 희생자라고 생각하지 않았다. 대신 그들이 추구하는 것은 '지금, 이 순간' 나와 함께하는 눈앞의 고객을 더 근사하고 행복하게 만드는 귀재들이었다.

〈부자 미용사 가난한 미용사〉는 삶의 아름다움을 추구하는 여러분을 위한 것이다. 모든 미용인이 자신이 현재 하는 일에서 기쁨과 보람으로 높이 날 수 있길, 그리하여 어두운 구름 위에 있는 눈 부신 태양을 볼 수 있길 기원하며, 이 책이 그 여정에 작은 보탬이 되길 바란다.

서울 강남에서, 김순덕

추천사

SOONSIKI
㈜순시키 헤어
백순식 대표

자신의 미래를 관리하기를 바라는 미용인에게 출발점의 길잡이로 삼길 권합니다.

COIFF1RST PARIS
꾸아퍼스트
엄경옥 대표

김순덕 대표님이 또 미용인을 위해 큰일을 하셨네요. 미용인의 성장과 성공을 돕는 마음가짐과 행동수칙을 매일 매일 다져가는 성장 여정으로 풀어 주셔서 감동으로 다가옵니다. 모든 미용인의 온전한 행복을 위해 강력히 추천을 드립니다.

RBH Road begins here
알비에치㈜
이은호 부장

귀찮음을 이겨내고 하루하루 사용하다 보면 나의 작은 관심이 고객에게 진정성으로 전달되어 신뢰를 얻어낼 수 있음을 깨닫게 해 주는 경험을 하게 되었습니다. 이 책은 진정한 미용사의 내비게이션입니다. 여러분들도 경험하시기를 바랍니다.

SUNO COSMETIC
수노코스메틱
송순호(수노아저씨) 대표

부자 미용사 & 가난한 미용사 저자인 김순덕 대표님께서 미용을 사랑하는 마음이 느껴지는 순간입니다. 수많은 꿈나무 미용사들이 이 책을 통하여 훌륭한 아티스트로 성장하리라 믿어 의심치 않습니다. 앞으로도 멋지게 미용계를 위해 헌신하는 모습을 기대합니다.

BENEIDER®

비나이더 휘트니스
장혜민 대표

미용사분만 아니라 많은 서비스업 현장에 종사하는 사람들에게 생각 도구이며 방향의 지침서가 될 책이다.

살롱드 수풀림 헤어
대표

억대 연봉을 받는 헤어디자이너들만 알고 있던 생각과 노하우를 책으로 엮어낸 놀라운 '미용인 자기 계발서!' 자신을 업그레이드하기 위해 해법을 찾고 있다면 이 책에서 찾아보세요. 머지않아 달라진 당신의 모습을 확인하실 수 있을 테니까요. 23년의 미용 인생 저 자신을 돌아보고, 이 책을 통해 새로운 미래를 다시 꿈꿔 봅니다. 감사합니다.

YUKINIAN®

유키 헤어
이윤경 대표

부자 미용사와 가난한 미용사의 차이를 쉽고 아주 단순하게 마음에 와닿도록 잘 정리가 된 마법 같은 최고의 책입니다. 고객관리 노트와 함께 만들어진 점이 큰 장점인 거 같습니다. 매일 고객과의 대화를 정리하고 하루를 마무리하면서 이 책을 읽고 하루에 한 가지만 행한다면, 분명 어느 순간 당신은 부자 미용사가 되어있을 거예요. 우리나라 모든 미용인이 이 책을 통해 모두가 행복한 부자 미용사가 되기를 기도합니다.

성공하는 미용사를 위한 성장노트
부자 미용사 가난한 미용사
이 책의 사용법

EXPLANATION

고객 수 체크

- 어제까지 온 소개 고객 수 ❶ / ❷
- 어제까지 온 고정 고객 수 ❸ / ❹
- 어제까지 온 마케팅 고객 수 ❺ / ❻
- 어제까지 등록한 VIP 수 ❼ / ❽
- 어제까지 제품 판매 개수 ❾ / ❿
- 어제까지 받은 대체/신규 수 ⓫ / ⓬

고객 수 체크

- 어제까지 온 소개 고객 수 /
- 어제까지 온 고정 고객 수 /
- 어제까지 온 마케팅 고객 수 /
- 어제까지 등록한 VIP 수 /
- 어제까지 제품 판매 개수 /
- 어제까지 받은 대체/신규 수 /

나를 위하여 할 일

ⓔⓧ 3일 후 관심 문자 보내기, 커트연습

오늘 느낀 감사의 글

ⓔⓧ 3시간 넘게 멀리서 오신 고객님

오늘 성장한 일

ⓔⓧ 관심 문자 발송

❶ 어제까지 온 소개 고객 누적 수를 적어주세요.

❸ 어제 까지 온 단골 고객 누적 수를 적어주세요.

❺ 어제 까지 온 영업 고객 누적 수를 적어주세요.

❼ 어제 까지 등록한 VIP고객 누적 수를 적어주세요.

❾ 어제 까지 점판 제품 판매 누적 개수를 적어주세요.

⓫ 어제 까지 받은 대체 고객 수를 적어주세요.

❷ 이번 달 소개 고객 목표를 적어 주세요.

❹ 이번 달 단골 고객 목표를 적어 주세요.

❻ 이번 달 영업 고객 목표를 적어 주세요.

❽ 이번 달 VIP고객 목표를 적어 주세요.

❿ 이번 달 점판 제품 판매 목표 수를 적어 주세요.

⓬ 어제 까지 받은 신규 고객 수를 적어주세요.

◯ **DAY** ----------> 하루를 기입하세요.

DAILY FORM `EXPLANATION`

20 _____ . _____ . _____ .

💎 **오늘의 명언** 오늘하루를 보다 힘차게 보낼 수 있는 명언을 찾아 적어 주세요. 매일 같은 걸 적어도 괜찮아요. ^^

TIME	NAME [이름] ❶	CS [고객분류] ❷	CL [고객레벨] ❸	PROFESSIONAL		SEX ❻ [성별]	A MATTER OF CONCERN	SMILE SERVICE		C ❿ [카드]
				SERVICE [시술] ❹	DESCRIPTION [세부사항] ❺		CONCERN [고객관심사항] ❼	SMS-RETURN [문자전송] ❽	PRICE [가격] ❾	

❶ **NAME** (이름) 시술 전 고객님의 성함을 기입하고, 되도록 "OOO 고객님" 이라고 불러주면서 고객과의 관계를 좋게 하세요.

  ex 최고의 관계는 2촌 관계가 되는 것입니다. '아버님, 어머님, 사장님, 사모님, 형, 동생, 누나, 친구'

❷ **CS** (고객분류) 고정, 소개, 대체, 신규 VIP로 분류하여 앞글자를 적어주세요.

  ex 고, 소, 대, 신

❸ **CL** (고객레벨) 고객님이 소개시켜주신 소개 고객 수를 적어주세요.

❹ **SERVICE** (시술) 고객님이 받으실 시술을 적어주세요.

  ex 펌 : P / 염색 : D / 매직 : MP / 디지털펌 : DP / 셋팅펌 : SP / 기타 : C 💨

❺ **DESCRIPTION** (세부사항) 고객님의 시술에 관련된 특이사항 또는 세부사항을 적어 주세요.

  ex 시술 시 클레임의 요지를 가지고 있는 두상 또는 모발의 상태를 기입하여 실수하지 않도록 기억하세요.

❻ **SEX** (성별) 고객님의 성함으로 남성과 여성의 구분이 어려운 분을 위해 체크해주세요.

  ex 남성 : M / 여성 : W

❼ **CONCERN** (고객관심사항) 고객관리에 차별화가 되는 가장 중요한 사항입니다.

  고객님께서 오늘 헤어 시술을 받으신 후 무엇을 하는지 자연스럽게 대화를 통해서 이끌어 내어 고객의 관심사항을 찾습니다. ☆

  ex 1. 시술을 마치고 무엇을 하는지? (친구와 영화, 식사, 미팅, 귀가 등)

    2. 최근 어떤 일이 있었는지?

    3. 가까운 미래에 무엇을 하는지? (여행, 축하할 사항, 또는 위로해줄 사항 등)

    4. 고객님의 모발손질 시 컴플렉스 사항 메모

  이렇게 기입한 것을 보고 다음 방문 시 자연스럽게 대화를 이끌어 내어 고객에게 감동을 전할 수 있습니다.

❽ **SMS-RETURN** (문자전송) 오늘 시술받은 고객님에게 다음에 있는 관심사항을 보고 문자 메시지를 자연스럽게 보내세요.

  인간적인 내용을 적어서 관심을 표현하세요.

  ex "오늘 너무 반가웠구요. 친구와 영화 보신다구요. 재미있게 보시고 다음에 또 뵙겠습니다." 💬

    "제가 알려 드린데로 손질해 보시고, 손질 어려우실 때 언제든 연락 주세요."

❾ **PRICE** (가격) 오늘 시술받은 가격을 적어 주세요. 다음번에 왔을 때 오늘 가격을 참고하여 가격 이야기를 해주세요.

❿ **C** (카드) 고객님이 카드로 결재하셨다면 체크해주세요. 💳

11 성공하는 미용사를 위한 성 장 노 트 부자 미용사 ✂ 가난한 미용사

고객 시술 현황　EXPLANATION　　　　20 ＿＿＿＿ 년 ＿＿＿＿ 월

일	요일	매 출 액	REGULAR [고정단골] PERM	COLOR	CUT	ETC	RECOMMENDER [소개/마케팅] PERM	COLOR	CUT	ETC	SUBSITUTE [대체] PERM	COLOR	CUT	ETC	CASUAL [신규] PERM	COLOR	CUT	ETC	회원권	점판
1	월	612,000	3	5	5	0	1	-	2	-	1	-	2	-	1	-	2	-	4	
2	화	663,000	2	4	4	0	3	-	-	-	3	-	-	-	3	-	-	-	3	
3	수	480,000	1	3	0	9	-	-	-	-	-	-	-	-	-	-	-	-	1	
4	목	240,000	4	2	0	3	1	1	1	-	1	1	1	-	1	1	1	-	3	
5	금	568,000	3	1	8	1	-	-	-	-	-	-	-	-	-	-	-	-	2	
6	토	663,000	4	3	3	6	-	-	-	-	-	-	-	-	-	-	-	-	1	
7	일	784,000	3	2	3	5	-	-	-	-	-	-	-	-	-	-	-	-	3	
8	월	663,000	6	1	2	4	-	-	2	-	-	-	2	-	-	-	2	-	1	
9	화	240,000	1	8	9	3	3	-	-	-	3	-	-	-	3	-	-	-	1	
10	수	561,000	2	5	8	2	-	-	-	-	-	-	-	-	-	-	-	-	2	
11	목	480,000	3	0	5	3	-	-	-	-	-	-	-	-	-	-	-	-	1	
12	금	480,000	6	7	4	1	-	1	-	-	-	1	-	-	-	-	-	-	7	
13	토	561,000	3	6	6	2	-	-	-	-	-	-	-	-	-	2	-	-	4	
14	일	480,000	4	5	1	2	-	-	-	-	-	-	-	-	-	-	-	-	2	
15	월	612,000	3	3	1	3	-	-	-	-	-	-	-	-	-	-	-	-	0	
16	화	240,000	4	3	3	1	-	3	-	-	-	-	-	-	-	-	-	-	3	
17	수	663,000	3	3	2	2	-	-	-	-	-	-	-	-	-	-	-	-	2	
18	목	561,000	6	2	1	3	-	-	-	-	4	-	-	-	-	-	-	-	3	
19	금	784,000	1	9	8	4	-	-	-	-	-	-	-	-	-	-	-	-	1	
20	토	480,000	2	8	5	5	-	-	-	-	-	-	-	-	-	-	-	-	5	
21	일	784,000	3	0	2	3	-	-	1	-	-	-	1	-	-	-	1	-	3	
22	월	612,000	6	7	3	1	-	2	-	-	-	2	-	-	-	2	-	-	2	
23	화	561,000	3	6	3	2	-	-	-	-	-	-	-	-	-	-	-	-	4	
24	수	784,000	4	5	4	2	-	3	-	-	-	3	-	-	-	3	-	-	2	
25	목	663,000	3	3	5	3	-	-	-	-	-	-	-	-	-	-	-	-	0	
26	금	480,000	4	3	3	0	-	-	-	-	-	-	-	-	-	-	-	-	3	
27	토	784,000	3	3	2	0	-	-	-	-	-	-	-	-	-	-	-	-	3	
28	일	612,000	6	2	1	5	-	-	-	-	-	-	-	-	-	-	-	-	3	
29	월	663,000	1	9	8	3	1	-	-	-	1	-	-	-	1	-	-	-	1	
30	화	784,000	2	8	5	1	-	-	-	-	-	-	-	-	-	-	-	-	2	
31	수	240,000	3	0	2	7	-	-	-	-	-	-	-	-	-	-	-	-	3	

REGULAR [고정단골]

최고의 마케팅은 소개 마케팅이다. 명심

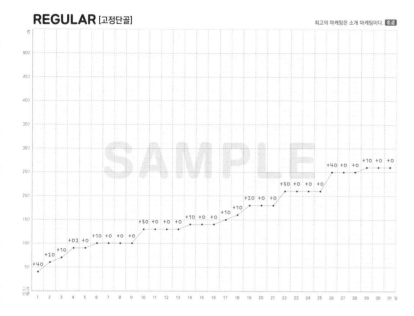

RECOMMENDER [소개/마케팅]

스타일 유지와 건강한 모발 관리를 위하여 점판은 필수이다. 명심

회원권

최고의 마케팅은 소개 마케팅이다. 명심

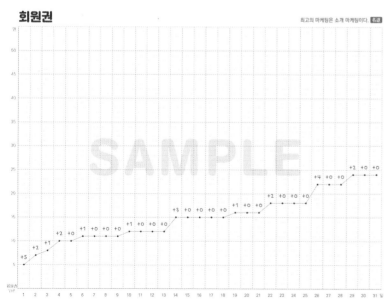

점판

스타일 유지와 건강한 모발 관리를 위하여 점판은 필수이다. 명심

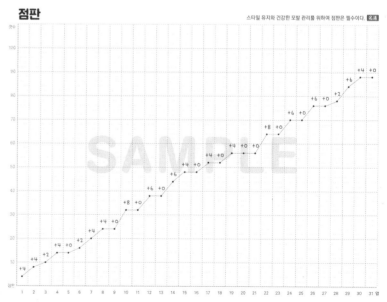

목차

성공하는 미용사를 위한 성/장/노/트/

부자 미용사 ✂ 가난한 미용사

성공하는 미용사를 위한 성/장/노/트/

부자 미용사 ✂ 가난한 미용사

MONTH

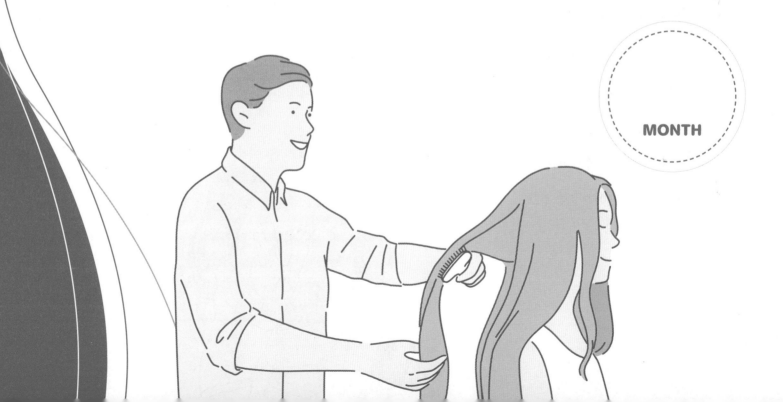

부자 미용사와
가난한 미용사의 차이

1. **부자 미용사는** 남과의 비교가 아닌 본인의 과거로부터 **오늘 성장하는 사람이다.**

2. 미용사는 상대방의 얼굴에 행복이 떠나지 않도록 **아름답게 만들어 주는 사람이다.**

3. 가난한 미용사가 되는 가장 확실한 방법 3가지는 "불만, 합리화, 비난"이다.

4. **부자 미용사는 월 단골 고객, 소개 고객 목표가 있고,** 가난한 미용사는 급여 받는 날이 목표다.

5. **부자 미용사는 실행하고,** 가난한 미용사는 생각만 한다.

6. **부자 미용사는 잘못에서 배움을 찾고,** 가난한 미용사는 잘못에서 합리화를 찾는다.

7. **부자 미용사는 매일 감사함이 많고,** 가난한 미용사는 매일 불평과 불만이 많다.

8. **부자 미용사는 주변인을 칭찬하고,** 가난한 미용사는 주변인을 비난한다.

9. **부자 미용사는 팀워크주의이고,** 가난한 미용사는 개인주의이다.

10. **부자 미용사는 인턴에게 힘을 주고,**
    가난한 미용사는 인턴에게 핀잔을 준다.

나를 위하여 할 일

ex 3일 후 관심 문자 보내기, 커트연습

오늘 느낀 감사의 글

ex 3시간 넘게 멀리서 오신 고객님

오늘 성장한 일

ex 관심 문자 발송

DAY

DAILY FORM EXPLANATION

20 _____ . _____ . _____ .

TIME	NAME [이름]	CS [고객 분류]	CL [고객 레벨]	PROFESSIONAL		SEX [성별]	A MATTER OF CONCERN	SMILE SERVICE		C [카드]
				SERVICE [시술]	DESCRIPTION [세부사항]		CONCERN [고객관심사항]	SMS-RETURN [문자전송]	PRICE [가격]	

성공하는 미용사를 위한 성 장 노 트 **부자 미용사 ✕ 가난한 미용사**

부자 미용사와
가난한 미용사의 차이

11   **부자 미용사는 인턴에게 관심을 주고,** 가난한 미용사는 인턴에게 무관심하다.

12   **부자 미용사는 퇴근 시 인턴에게도 인사하지만,** 가난한 미용사는 동료나 오너에게도 인사하지 않는다.

13   **부자 미용사는 얼굴에 미소가 있고,** 가난한 미용사는 얼굴에 무표정과 짜증이 있다.

14   **부자 미용사는 대부분의 시간 동안 미용 이야기를 하고,**
      가난한 미용사는 대부분의 시간 동안 미용과 무관한 이야기만 한다.

15   **부자 미용사는 고객이 먼저이고,** 가난한 미용사는 매출이 먼저다.

16   **부자 미용사는 시간이 있으면 연습하고,** 가난한 미용사는 시간이 있으면 노는 계획을 세운다.

17   **부자 미용사는 고객에게 매일 관심 문자를 보내지만,** 가난한 미용사는 고객 연락처도 모른다.

18   **부자 미용사는 고객관리를 하지만,** 가난한 미용사는 고객관리라는 단어조차 모른다.

19   **부자 미용사는 단골 고객을 늘릴 생각을 하고,**
      가난한 미용사는 '왜 수익이 적을까'만 생각한다.

20   **부자 미용사는 고객의 행복을 위해 애쓰고,**
       미용사는 돈을 벌려고 애쓴다.

 DAY

고객 수 체크

• 어제까지 온 소개 고객 수   /
• 어제까지 온 고정 고객 수   /
• 어제까지 온 마케팅 고객 수   /
• 어제까지 등록한 VIP 수   /
• 어제까지 제품 판매 개수   /
• 어제까지 받은 대체/신규 수   /

나를 위하여 할 일

ex) 3일 후 관심 문자 보내기, 커트연습

오늘 느낀 감사의 글

ex) 3시간 넘게 멀리서 오신 고객님

오늘 성장한 일

ex) 관심 문자 발송

DAILY FORM EXPLANATION

20 _____ . _____ . _____ .

◇ 오늘의 명언

TIME	NAME [이름]	CS [고객분류]	CL [고객레벨]	PROFESSIONAL		SEX [성별]	A MATTER OF CONCERN	SMILE SERVICE		C [카드]
				SERVICE [시술]	DESCRIPTION [세부사항]		CONCERN [고객관심사항]	SMS-RETURN [문자전송]	PRICE [가격]	

부자 미용사와
가난한 미용사의 차이

21 **부자 미용사는 어제의 나보다 성장에 힘쓰고,** 가난한 미용사는 남과 비교에 힘쓴다.

22 **부자 미용사는 문제를 만나면 해결점을 생각하고,** 가난한 미용사는 문제를 만나면 불만을 생각한다.

23 **부자 미용사는 방향을 생각하고,** 가난한 미용사는 속도를 생각한다.

24 **부자 미용사는 타인의 말에 귀 기울여 배울 것을 생각하고,**
가난한 미용사는 타인의 말에 꼬투리 잡을 걸 생각한다.

25 **부자 미용사는 고객에게 필요한 미용사가 되려 하고,** 가난한 미용사는 고객에게 기술로 으스댄다.

26 **부자 미용사는 도전과 변화를 좋아하고,** 가난한 미용사는 도전과 변화를 두려워한다.

27 **부자 미용사는 교육은 배울수록 좋다고 하고,** 가난한 미용사는 다 해봤다고 한다.

28 **부자 미용사는 소개 고객을 늘리고,** 가난한 미용사는 고객단가를 늘린다.

29 **부자 미용사는 스승을 믿고,** 가난한 미용사는 자신을 믿는다.

30 **부자 미용사는 타인이 잘되면 함께 축복하며 배우려 하고,**
가난한 미용사는 타인이 잘되면 시기하고 질투한다.

◯ DAY

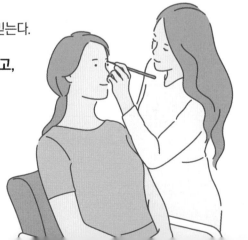

고객 수 체크

- 어제까지 온 소개 고객 수   /
- 어제까지 온 고정 고객 수   /
- 어제까지 온 마케팅 고객 수   /
- 어제까지 등록한 VIP 수   /
- 어제까지 제품 판매 개수   /
- 어제까지 받은 대체/신규 수   /

나를 위하여 할 일

ex 3일 후 관심 문자 보내기, 커트연습

오늘 느낀 감사의 글

ex 3시간 넘게 멀리서 오신 고객님

오늘 성장한 일

ex 관심 문자 발송

DAILY FORM EXPLANATION

20 _____ . _____ . _____ .

💎 오늘의 명언

TIME	NAME [이름]	CS [고객분류]	CL [고객레벨]	PROFESSIONAL		SEX [성별]	A MATTER OF CONCERN	SMILE SERVICE		C [카드]
				SERVICE [시술]	DESCRIPTION [세부사항]		CONCERN [고객관심사항]	SMS-RETURN [문자전송]	PRICE [가격]	

성공하는 미용사를 위한 성 장 노 트 부자 미용사 💇 가난한 미용사

부자 미용사와
가난한 미용사의 차이

31 **부자 미용사는 어제보다 오늘 더욱 성장한 하루를 보내고,**
가난한 미용사는 다람쥐 쳇바퀴 돌듯 어제와 같은 오늘을 보낸다.

32 **부자 미용사는 시간이 나면 성장을 생각하고,**
가난한 미용사는 시간이 나면 불평, 불만거리를 생각한다.

33 **부자 미용사는 언제나 밝은 아침인사로 시작하지만,** 가난한 미용사는 감정기복에 따라 달라진다.

34 **부자 미용사는 스승이 있고,** 가난한 미용사는 선생도 없다.

35 **부자 미용사는 고객이 원하는 사람이고,** 가난한 미용사는 내가 원하는 고객을 찾는다.

36 **부자 미용사는 호감을 사고,** 가난한 미용사는 자신을 싫어지게 한다.

37 **부자 미용사는 끊임없이 노력하고,** 가난한 미용사는 끊임없이 자만한다.

38 **부자 미용사는 고객에게 행복을 드리고,**
가난한 미용사는 고객으로부터 행복을 얻으려 한다.

고객 수 체크

- 어제까지 온 소개 고객 수   /
- 어제까지 온 고정 고객 수   /
- 어제까지 온 마케팅 고객 수   /
- 어제까지 등록한 VIP 수   /
- 어제까지 제품 판매 개수   /
- 어제까지 받은 대체/신규 수   /

나를 위하여 할 일

ex 3일 후 관심 문자 보내기, 커트연습

오늘 느낀 감사의 글

ex 3시간 넘게 멀리서 오신 고객님

오늘 성장한 일

ex 관심 문자 발송

DAY

◈ 오늘의 명언

TIME	NAME [이름]	CS [고객분류]	CL [고객레벨]	PROFESSIONAL		SEX [성별]	A MATTER OF CONCERN	SMILE SERVICE		C [카드]
				SERVICE [시술]	DESCRIPTION [세부사항]		CONCERN [고객관심사항]	SMS-RETURN [문자전송]	PRICE [가격]	

성공하는 미용사를 위한 성 장 노 트 부자 미용사 ✂ 가난한 미용사

부자 미용사와
가난한 미용사의 정의

고객 수 체크

- 어제까지 온 소개 고객 수   /
- 어제까지 온 고정 고객 수   /
- 어제까지 온 마케팅 고객 수   /
- 어제까지 등록한 VIP 수   /
- 어제까지 제품 판매 개수   /
- 어제까지 받은 대체/신규 수   /

> ## 부자 미용사 = 성장하는 미용사
> ## 가난한 미용사 = 퇴보하는 미용사

 **미용사는**

상대방의 얼굴에 행복이 떠나지 않도록

아름답게 만들어 주는 사람이다.

 부자 미용사는

남과 비교가 아닌 본인의 과거로부터 교훈을 얻고

오늘 성장하는 사람이다.

나를 위하여 할 일

ex 3일 후 관심 문자 보내기, 커트연습

오늘 느낀 감사의 글

ex 3시간 넘게 멀리서 오신 고객님

오늘 성장한 일

ex 관심 문자 발송

 DAY

DAILY FORM EXPLANATION

20 _____ . _____ . _____ .

💎 오늘의 명언

TIME	NAME [이름]	CS [고객분류]	CL [고객레벨]	PROFESSIONAL		SEX [성별]	A MATTER OF CONCERN	SMILE SERVICE		C [카드]
				SERVICE [시술]	DESCRIPTION [세부사항]		CONCERN [고객관심사항]	SMS-RETURN [문자전송]	PRICE [가격]	

가난한 미용사가 되는
가장 확실한 방법

고객 수 체크

- 어제까지 온 소개 고객 수   /
- 어제까지 온 고정 고객 수   /
- 어제까지 온 마케팅 고객 수   /
- 어제까지 등록한 VIP 수   /
- 어제까지 제품 판매 개수   /
- 어제까지 받은 대체/신규 수   /

1

불만을 품고 불평하라.

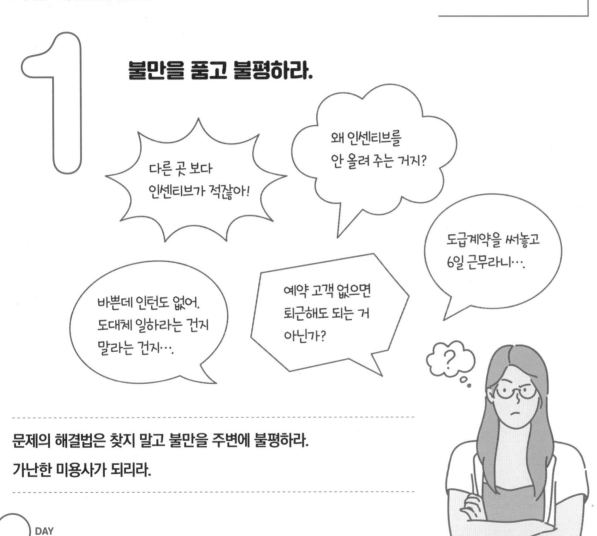

다른 곳 보다
인센티브가 적잖아!

왜 인센티브를
안 올려 주는 거지?

도급계약을 써놓고
6일 근무라니….

바쁜데 인턴도 없어.
도대체 일하라는 건지
말라는 건지….

예약 고객 없으면
퇴근해도 되는 거
아닌가?

나를 위하여 할 일

ex) 3일 후 관심 문자 보내기, 커트연습

오늘 느낀 감사의 글

ex) 3시간 넘게 멀리서 오신 고객님

문제의 해결법은 찾지 말고 불만을 주변에 불평하라.
가난한 미용사가 되리라.

오늘 성장한 일

ex) 관심 문자 발송

◯ DAY

28

DAILY FORM EXPLANATION

20 _____ . _____ . _____ .

◇ 오늘의 명언

| TIME | NAME [이름] | CS [고객분류] | CL [고객래력] | PROFESSIONAL | | A MATTER OF CONCERN | | SMILE SERVICE | | |
				SERVICE [시술]	DESCRIPTION [세부사항]	SEX [성별]	CONCERN [고객관심사항]	SMS-RETURN [문자전송]	PRICE [가격]	C [카드]

성공하는 미용사를 위한 성 장 노 트 / 부자 미용사 ✂ 가난한 미용사

가난한 미용사가 되는
가장 확실한 방법

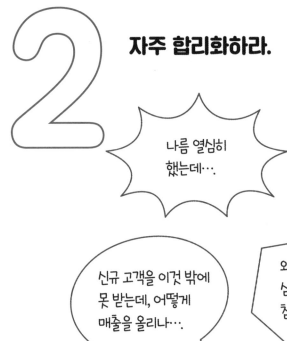

2 자주 합리화하라.

> 나름 열심히 했는데….

> 다른 미용사도 그랬는데 왜 나 보고만….

> 모두 다 이기주의인데 나만 왜 참고, 도와주어야 하지?

> 신규 고객을 이것 밖에 못 받는데, 어떻게 매출을 올리나….

> 왜 미용사에게 샴푸를 하라고 하지? 참 어이없네….

당신에게는 문제가 없다. 자주 합리화하라.
분명 성장할 수 없을 것이다.

 DAY

고객 수 체크

- 어제까지 온 소개 고객 수   /
- 어제까지 온 고정 고객 수   /
- 어제까지 온 마케팅 고객 수   /
- 어제까지 등록한 VIP 수   /
- 어제까지 제품 판매 개수   /
- 어제까지 받은 대체/신규 수   /

나를 위하여 할 일

ex 3일 후 관심 문자 보내기, 커트연습

오늘 느낀 감사의 글

ex 3시간 넘게 멀리서 오신 고객님

오늘 성장한 일

ex 관심 문자 발송

◇ 오늘의 명언

TIME	NAME [이름]	CS [고객분류]	CL [고객레벨]	PROFESSIONAL		SEX [성별]	A MATTER OF CONCERN	SMILE SERVICE		C [카드]
				SERVICE [시술]	DESCRIPTION [세부사항]		CONCERN [고객관심사항]	SMS-RETURN [문자전송]	PRICE [가격]	

가난한 미용사가 되는
가장 확실한 방법

남을 비난하라.

잘못된 결과에 대해서
당신이 이해하지 못하는 환경에 대해서
욕먹고 싶지 않거든,
남보다 먼저 주변인에게
본인의 행동을 합리화하고
상대방을 비난하십시오.

당신은 반드시 가난한 미용사가 될 것입니다.

 DAY

고객 수 체크

- 어제까지 온 소개 고객 수　　/
- 어제까지 온 고정 고객 수　　/
- 어제까지 온 마케팅 고객 수　/
- 어제까지 등록한 VIP 수　　/
- 어제까지 제품 판매 개수　　/
- 어제까지 받은 대체/신규 수　/

나를 위하여 할 일

ex 3일 후 관심 문자 보내기, 커트연습

오늘 느낀 감사의 글

ex 3시간 넘게 멀리서 오신 고객님

오늘 성장한 일

ex 관심 문자 발송

💎 오늘의 명언

TIME	NAME [이름]	CS [고객분류]	CL [고객레벨]	PROFESSIONAL		SEX [성별]	A MATTER OF CONCERN	SMILE SERVICE		C [카드]
				SERVICE [시술]	DESCRIPTION [세부사항]		CONCERN [고객관심사항]	SMS-RETURN [문자전송]	PRICE [가격]	

부자 미용사는 월 단골 고객 소개과 고객 목표가 있고, 가난한 미용사는 급여 받는 날이 목표다.

성장하는 미용사는 매월 달성 고정 고객 수와 소개 고객 수를 가지고 있다.
그리고 그 목표를 매주 단위로 쪼개고 매일로 쪼개서
하루에 몇 명을 달성해야겠다는 강한 신념과 구체적 계획을 가지고 있다.

급여 날짜를 기다리는 미용사는 시간이 가기를 기다림으로써 시간을 허비하고
매일 같은 행동을 함으로써 항상 같은 결과물을 얻는다.

그래 나도 한 번 도전하는 거야!

ex

	단골 고객(재방고객)	소개목표
월 목표	230명	23명
일주 목표	58명	6명
하루 목표	10명	1명

좋았어! 월별, 주별, 일별로 조각내어 보니 가능할 것 같아!

고객 수 체크

- 어제까지 온 소개 고객 수   /
- 어제까지 온 고정 고객 수   /
- 어제까지 온 마케팅 고객 수   /
- 어제까지 등록한 VIP 수   /
- 어제까지 제품 판매 개수   /
- 어제까지 받은 대체/신규 수   /

나를 위하여 할 일

ex 3일 후 관심 문자 보내기, 커트연습

오늘 느낀 감사의 글

ex 3시간 넘게 멀리서 오신 고객님

오늘 성장한 일

ex 관심 문자 발송

DAY

DAILY FORM EXPLANATION

20 _____ . _____ . _____ .

💎 오늘의 명언

TIME	NAME [이름]	CS [고객분류]	CL [고객레벨]	PROFESSIONAL		SEX [성별]	A MATTER OF CONCERN	SMILE SERVICE		C [카드]
				SERVICE [시술]	DESCRIPTION [세부사항]		CONCERN [고객관심사항]	SMS-RETURN [문자전송]	PRICE [가격]	

부자 미용사는 실행하고,
가난한 미용사는 생각만 한다.

성장하는 미용사는 목표달성을 위하여 끊임없이 연구하고 도출된 교훈을 바로 실행에 옮긴다.
그 실행을 통해 계속 업그레이드한다.

가난한 미용사는 "저게 무슨 효과는 있겠어? 지켜봐야겠다. 나도 한번 해볼까? 나랑은 맞지 않아…"
라고 생각한다. 그리고 하루가 지나고, 한 달이 지나고, 일 년이 지난다.

그래 나도 한 번 "목표 달성을 위해 무엇을 어떻게 할까?"를 생각하자.

1   고객님께 이달의 이벤트

2   3일 전 고객님께 스타일 손질이 잘 되시는지 관심 문자보내기

3   단골 고객님께 마음에 드시면 지인 소개해 달라고 조르기

4   달성하지 못하면 쉬는 날도 예약을 받기

DAY

고객 수 체크

- 어제까지 온 소개 고객 수   /
- 어제까지 온 고정 고객 수   /
- 어제까지 온 마케팅 고객 수   /
- 어제까지 등록한 VIP 수   /
- 어제까지 제품 판매 개수   /
- 어제까지 받은 대체/신규 수   /

나를 위하여 할 일

ex 3일 후 관심 문자 보내기, 커트연습

오늘 느낀 감사의 글

ex 3시간 넘게 멀리서 오신 고객님

오늘 성장한 일

ex 관심 문자 발송

DAILY FORM EXPLANATION

20 _____ . _____ . _____ .

💎 오늘의 명언

TIME	NAME [이름]	CS [고객분류]	CL [고객레벨]	PROFESSIONAL		A MATTER OF CONCERN		SMILE SERVICE		C [카드]
				SERVICE [시술]	DESCRIPTION [세부사항]	SEX [성별]	CONCERN [고객관심사항]	SMS-RETURN [문자전송]	PRICE [가격]	

성공하는 미용사를 위한 성 장 노 트 부자 미용사 ✗ 가난한 미용사

부자 미용사는 잘못이나 실수에서 교훈을 얻고,
가난한 미용사는 잘못을 합리화한다.

어떤 미용사든 발전과 성장을 위하여 새로운 것을 시도한다.

실행하게 되면 세 가지의 결과를 얻게 된다.

대만족, 보통, 불만족

행동이란, 저마다의 기대치가 있다.

그리고 불만족이면 실수 또는 잘못했다고 생각한다.

하지만 부자 미용사는 여기서 왜 기대치 만큼 되지 않았는지 교훈을 얻고자 한다.

그리고 다음에 할 때는 이번보다 더 잘할 수 있으리라 확신한다.

어떤 행동이든 한번에 기대한 만큼의 결과를 얻지 못한다.

결과가 기대치 보다 덜 나왔어도 더는 합리화하지 않아도 된다.

그리고 이렇게 생각한다. "잘했다. 실행 자체가 내겐 발전이었어."

"그리고 또다시 도전하자. 기대치에 도달할 때까지!"

한 번의 행동에 한 가지는 성장한다.

머지않아 그 기대치에 누구든 무조건 도달한다.

DAY

고객 수 체크

- 어제까지 온 소개 고객 수   /
- 어제까지 온 고정 고객 수   /
- 어제까지 온 마케팅 고객 수   /
- 어제까지 등록한 VIP 수   /
- 어제까지 제품 판매 개수   /
- 어제까지 받은 대체/신규 수   /

나를 위하여 할 일

ex) 3일 후 관심 문자 보내기, 커트연습

오늘 느낀 감사의 글

ex) 3시간 넘게 멀리서 오신 고객님

오늘 성장한 일

ex) 관심 문자 발송

DAILY FORM EXPLANATION

20 _____ . _____ . _____ .

💎 오늘의 명언

TIME	NAME [이름]	CS [고객분류]	CL [고객세별]	PROFESSIONAL		SEX [성별]	A MATTER OF CONCERN	SMILE SERVICE		C [카드]
				SERVICE [시술]	DESCRIPTION [세부사항]		CONCERN [고객관심사항]	SMS-RETURN [문자전송]	PRICE [가격]	

부자 미용사는 감사함이 많고,
가난한 미용사는 불평과 불만이 많다.

모든 미용사는 한 달이 지날 때마다 결산을 한다.

매출, 고객 수, 점판, 회원권 등

이때 부자 미용사는 결과를 혼자 만들어 냈다고 생각하지 않는다.

계산을 도와준 매니저나 동료

샴푸와 시술을 도와준 인턴

메인 시술을 도와준 동료 미용사

이끌어 주시는 원장님 등

결과를 만들어 내기까지 함께한 분들께 감사의 말을 빼놓지 않는다.

"함께 일할 수 있어서 즐거웠습니다."
"함께 일할 수 있어서 뿌듯하네요."
"이번 달에도 함께여서 고마웠어요."
이러한 감사함으로 오히려 내가 더욱
성장되어 있을 것이다.

고객 수 체크

- 어제까지 온 소개 고객 수   /
- 어제까지 온 고정 고객 수   /
- 어제까지 온 마케팅 고객 수   /
- 어제까지 등록한 VIP 수   /
- 어제까지 제품 판매 개수   /
- 어제까지 받은 대체/신규 수   /

나를 위하여 할 일

ex 3일 후 관심 문자 보내기, 커트연습

오늘 느낀 감사의 글

ex 3시간 넘게 멀리서 오신 고객님

오늘 성장한 일

ex 관심 문자 발송

 DAY

40

DAILY FORM EXPLANATION

20 _____ . _____ . _____ .

💎 오늘의 명언

TIME	NAME [이름]	CS [고객 분류]	CL [고객 레벨]	PROFESSIONAL		SEX [성별]	A MATTER OF CONCERN	SMILE SERVICE		C [카드]
				SERVICE [시술]	DESCRIPTION [세부사항]		CONCERN [고객관심사항]	SMS-RETURN [문자전송]	PRICE [가격]	

부자 미용사는 감사함이 많고,
가난한 미용사는 불평과 불만이 많다.

불만과 불평을 하는 미용사도 분명히 '더 잘 되고 재미있고, 행복하기'를 바랄 것이다.

하지만 이상하게 결과나 환경에 대해 불만이 자꾸 생기고 불평을 늘어놓게 된다.

어떻게 매일 즐겁고 행복하고 감사하다는 걸까?

"그게 말이 되나?"라고 생각할 수도 있다.

잠시 생각을 멈추기 바란다.

불만과 불평을 멈추기 바란다.

재미있고, 행복하기 위해서는
물질적이든 감정적이든
조금이라도 당신을 도와준 사람을 찾아야 한다.
그리고 그 사람에게 고마움의 말을 전하라.
정말 신기하게도 행복을 느낄 것이다.

고객 수 체크

- 어제까지 온 소개 고객 수   /
- 어제까지 온 고정 고객 수   /
- 어제까지 온 마케팅 고객 수   /
- 어제까지 등록한 VIP 수   /
- 어제까지 제품 판매 개수   /
- 어제까지 받은 대체/신규 수   /

나를 위하여 할 일

EX) 3일 후 관심 문자 보내기, 커트연습

오늘 느낀 감사의 글

EX) 3시간 넘게 멀리서 오신 고객님

오늘 성장한 일

EX) 관심 문자 발송

DAILY FORM EXPLANATION

20 _____ . _____ . _____ .

💎 오늘의 명언

TIME	NAME [이름]	CS [고객분류]	CL [고객레벨]	PROFESSIONAL		SEX [성별]	A MATTER OF CONCERN	SMILE SERVICE		C [카드]
				SERVICE [시술]	DESCRIPTION [세부사항]		CONCERN [고객관심사항]	SMS-RETURN [문자전송]	PRICE [가격]	

부자 미용사는 주변인을 칭찬하고,
가난한 미용사는 주변인을 조롱하고, 비난한다.

부자 미용사는 주변에 따르는 사람이 많다.

그들이 잘하는 것 중 하나가 감사의 표시와 칭찬하기다.

의상, 표정, 행동, 결과에 관한 조롱이나 비난이 아닌 칭찬과 감사함의 말 한마디.

앞에서 말하기 어렵다면 일이 끝나고 나서 집에 가는 길에 아니면 집에 가서

문자나 카톡으로 당신의 진정한 관심을 매일 꾸준히 전해보라.

당신 주변에 놀라운 기적이 일어날 것이다.

사실은 당신이 실행한 것이다.

 DAY

고객 수 체크

- 어제까지 온 소개 고객 수   /
- 어제까지 온 고정 고객 수   /
- 어제까지 온 마케팅 고객 수   /
- 어제까지 등록한 VIP 수   /
- 어제까지 제품 판매 개수   /
- 어제까지 받은 대체/신규 수   /

나를 위하여 할 일

ex 3일 후 관심 문자 보내기, 커트연습

오늘 느낀 감사의 글

ex 3시간 넘게 멀리서 오신 고객님

오늘 성장한 일

ex 관심 문자 발송

DAILY FORM EXPLANATION

20 _____ . _____ . _____ .

◈ 오늘의 명언

TIME	NAME [이름]	CS [고객분류]	CL [고객레벨]	PROFESSIONAL		SEX [성별]	A MATTER OF CONCERN	SMILE SERVICE		C [카드]
				SERVICE [시술]	DESCRIPTION [세부사항]		CONCERN [고객관심사항]	SMS-RETURN [문자전송]	PRICE [가격]	

부자 미용사는 팀워크주의이고,
가난한 미용사는 개인주의이다.

부자 미용사는 혼자서 모든 것을 하려고 하지 않는다.

함께 하려고 한다.

조금 모자란 인턴이 있다면, 그를 위하여 훈련의 기회를 제공한다.

고객을 대하는 정신, 매너, 기술 등

최선을 다해 가르치고 또 가르친다.

가장 중요한 것은 함께 성장하는 것을 중요하게 생각한다.

팀의 발전과 성장을 위하여 끊임없이 공부하고 노력한다.

미용실에서 개인주의는 이기주의이다.

아무리 뛰어난 미용사도 혼자서 모든 것을 다할 수는 없다.

혼자서 서비스하는 것보다 둘이서 고객을 케어하는 것이

고객에게 더 큰 만족을 줄 수 있다.

고객 수 체크

- 어제까지 온 소개 고객 수   /
- 어제까지 온 고정 고객 수   /
- 어제까지 온 마케팅 고객 수   /
- 어제까지 등록한 VIP 수   /
- 어제까지 제품 판매 개수   /
- 어제까지 받은 대체/신규 수   /

나를 위하여 할 일

[ex] 3일 후 관심 문자 보내기, 커트연습

오늘 느낀 감사의 글

[ex] 3시간 넘게 멀리서 오신 고객님

오늘 성장한 일

[ex] 관심 문자 발송

 DAY

DAILY FORM EXPLANATION

20 _____ . _____ . _____ .

💎 오늘의 명언

TIME	NAME [이름]	CS [고객분류]	CL [고객레벨]	PROFESSIONAL		SEX [성별]	A MATTER OF CONCERN	SMILE SERVICE		C [카드]
				SERVICE [시술]	DESCRIPTION [세부사항]		CONCERN [고객관심사항]	SMS-RETURN [문자전송]	PRICE [가격]	

부자 미용사는 팀워크주의이고,
가난한 미용사는 개인주의이다.

혹 이렇게 말하는 미용사도 있을 것이다.

"고객은 담당 미용사가 모든 것을 다 해 주는 것을 좋아해요."

그런 고객이 100명 중 몇 명이나 되겠는가?

설사 그런 고객이 있다고 할지라도 그것은 당신이 그렇게 만들어 놓은 것뿐이다.

그만 합리화하라!.

부자 미용사는 단골 고객이 점점 늘어난다. 고객이 늘어날수록 행복감도 커진다.

또 여기서 "나는 단골이 늘어나는 것도 싫은데…"라고 말한다면 미용을 그만두어야 한다.

아니라면 이기심, 자존심, 자만심을 버리려고 노력하라.

처음부터 그런 것은 아니었을 것이다.

나는 왜 혼자 하는 것이 더 좋다고 생각하지? 라고 본인을 다시 생각해 보라.

개인주의 미용사가 부자 미용사를 꿈꾸는 것은 팥을 심고 콩이 나오기를 바라는 것과 같다.

성장을 원하면서 왜 뒤로만 가는가?

고객 수 체크

- 어제까지 온 소개 고객 수   /
- 어제까지 온 고정 고객 수   /
- 어제까지 온 마케팅 고객 수   /
- 어제까지 등록한 VIP 수   /
- 어제까지 제품 판매 개수   /
- 어제까지 받은 대체/신규 수   /

나를 위하여 할 일

ex 3일 후 관심 문자 보내기, 커트연습

오늘 느낀 감사의 글

ex 3시간 넘게 멀리서 오신 고객님

오늘 성장한 일

ex 관심 문자 발송

 DAY

DAILY FORM EXPLANATION   20 _____ . _____ . _____ .

💎 오늘의 명언

| TIME | NAME [이름] | CS [고객분류] | CL [고객레벨] | PROFESSIONAL | | SEX [성별] | A MATTER OF CONCERN | SMILE SERVICE | | C [카드] |
				SERVICE [시술]	DESCRIPTION [세부사항]		CONCERN [고객관심사항]	SMS-RETURN [문자전송]	PRICE [가격]	

성공하는 미용사를 위한 성 장 노 트 부자 미용사 ✂ 가난한 미용사

부자 미용사는 인턴에게 힘을 주고,
가난한 미용사는 인턴에게 핀잔을 준다.

부자 미용사는 함께 일하는 인턴들에게 힘이 되어주는 말을 많이 한다.

비록 실수하고 잘못했더라도 절대로 고객 앞에서는 이야기하지 않는다.

고객 앞에서는 위신을 세워주며 잘할 수 있도록 응원의 말을 한다.

"바닥을 쓸어줘 고마워요."

"염색 도포하는 솜씨가 나보다 나은 걸, 아주 좋아."

"와인딩하는 기술이 나를 뛰어넘었네, 최고야! 잘했어!"

"고객님, 우리 매장에서 샴푸를 제일 잘하는 친구예요. ○○○님 잘 부탁해요."

"기술이 날이 갈수록 엄청 빠르게 성장하네, 멋있어!"

◯DAY

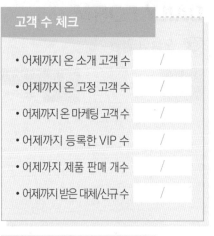

고객 수 체크

- 어제까지 온 소개 고객 수   /
- 어제까지 온 고정 고객 수   /
- 어제까지 온 마케팅 고객 수   /
- 어제까지 등록한 VIP 수   /
- 어제까지 제품 판매 개수   /
- 어제까지 받은 대체/신규 수   /

나를 위하여 할 일

ex) 3일 후 관심 문자 보내기, 커트연습

오늘 느낀 감사의 글

ex) 3시간 넘게 멀리서 오신 고객님

오늘 성장한 일

ex) 관심 문자 발송

DAILY FORM EXPLANATION

20 _____ . _____ . _____ .

💎 오늘의 명언

TIME	NAME [이름]	CS [고객분류]	CL [고객레벨]	PROFESSIONAL		SEX [성별]	A MATTER OF CONCERN	SMILE SERVICE		C [카드]
				SERVICE [시술]	DESCRIPTION [세부사항]		CONCERN [고객관심사항]	SMS-RETURN [문자전송]	PRICE [가격]	

부자 미용사는 퇴근 시 인턴에게도 인사하지만, 가난한 미용사는 동료, 오너에게도 인사하지 않는다.

부자 미용사는 오늘 시술을 함께해준 인턴들에게

한 명 한 명 인사하며 감사의 말을 빼놓지 않는다.

함께 도와주지 못한 인턴들에게도 반갑게 하이파이브로 인사하며,

내일 좋은 컨디션으로 다시 보기를 기약한다.

가난한 미용사는 일이 마감했으니 인턴은 전혀 관심도 없다.

당연히 할 일을 했다고 생각한다. 당연히 고맙거나 감사한 마음도 없다.

또한, 동료 미용사는 물론(나랑 상관없으니…) 심지어 원장님에게도 인사 없이 매장을 나간다.

"애들아, 수고했어." 이 한 마디가 끝이다.

인턴들은 마감하며 그런 미용사를 보고 속으로 생각한다.

"너무 자기만 안다."

"디자이너 되면 다 저렇게 하는 건가…"

DAY

고객 수 체크

- 어제까지 온 소개 고객 수   /
- 어제까지 온 고정 고객 수   /
- 어제까지 온 마케팅 고객 수   /
- 어제까지 등록한 VIP 수   /
- 어제까지 제품 판매 개수   /
- 어제까지 받은 대체/신규 수   /

나를 위하여 할 일

ex 3일 후 관심 문자 보내기, 커트연습

오늘 느낀 감사의 글

ex 3시간 넘게 멀리서 오신 고객님

오늘 성장한 일

ex 관심 문자 발송

💎 오늘의 명언

TIME	NAME [이름]	CS [고객분류]	CL [고객레벨]	PROFESSIONAL		SEX [성별]	A MATTER OF CONCERN	SMILE SERVICE		C [카드]
				SERVICE [시술]	DESCRIPTION [세부사항]		CONCERN [고객관심사항]	SMS-RETURN [문자전송]	PRICE [가격]	

부자 미용사는 인턴에게 관심을 주고,
가난한 미용사는 인턴에게 무관심하다.

부자 미용사는 오늘 인턴들의 컨디션을 최고로 만들어 주려고 노력한다.

왜냐하면, 인턴의 컨디션이 고객에게 바로 전달되기 때문이다.

오늘의 감정 상태를 체크하고, 에너지를 충전해주려고 관심을 쏟는다.

아침은 거르지 않았는지 걱정하고, 점심은 먼저 챙긴다.

그리고 중간에 간식도 챙겨 준다.

메인 인턴만 챙기는 것이 아닌 인턴들 전체에게
애정어린 관심의 말 한마디를 아끼지 않는다.

고객 수 체크

- 어제까지 온 소개 고객 수   /
- 어제까지 온 고정 고객 수   /
- 어제까지 온 마케팅 고객 수   /
- 어제까지 등록한 VIP 수   /
- 어제까지 제품 판매 개수   /
- 어제까지 받은 대체/신규 수   /

나를 위하여 할 일

ex 3일 후 관심 문자 보내기, 커트연습

오늘 느낀 감사의 글

ex 3시간 넘게 멀리서 오신 고객님

오늘 성장한 일

ex 관심 문자 발송

 DAY

◇ 오늘의 명언

TIME	NAME [이름]	CS [고객분류]	CL [고객세별]	PROFESSIONAL		SEX [성별]	A MATTER OF CONCERN	SMILE SERVICE		C [카드]
				SERVICE [시술]	DESCRIPTION [세부사항]		CONCERN [고객관심사항]	SMS-RETURN [문자전송]	PRICE [가격]	

부자 미용사는 인턴에게 관심을 주고, 가난한 미용사는 인턴에게 무관심하다.

가난한 미용사는 인턴들의 컨디션에 거의 무관심이다.

밥도 선생님 먼저 먹고, 함께 일하는 인턴의 감정 상태 또한 전혀 관심이 없다.

모든 중심이 본인한테만 쏠려 있다.

머릿속에 인턴은 미용사를 돕는 도구로 각인되어 있다.

왜냐하면, 나도 인턴 때 그렇게 당했기 때문이다.

가난한 미용사들만 탓할 수 없다.

이유는 어떻게 인턴을 관리하는 지를 배우지 못해서이다.

이제부터는 배워보자!

인턴에게 왜 관심을 가지고 관리해야 하는지를 말이다.

 DAY

고객 수 체크

- 어제까지 온 소개 고객 수 　　 /
- 어제까지 온 고정 고객 수 　　 /
- 어제까지 온 마케팅 고객 수 　 /
- 어제까지 등록한 VIP 수 　　 /
- 어제까지 제품 판매 개수 　　 /
- 어제까지 받은 대체/신규 수 　 /

나를 위하여 할 일

ex) 3일 후 관심 문자 보내기, 커트연습

오늘 느낀 감사의 글

ex) 3시간 넘게 멀리서 오신 고객님

오늘 성장한 일

ex) 관심 문자 발송

💎 오늘의 명언

TIME	NAME [이름]	CS [고객분류]	CL [고객레벨]	PROFESSIONAL		A MATTER OF CONCERN		SMILE SERVICE		
				SERVICE [시술]	DESCRIPTION [세부사항]	SEX [성별]	CONCERN [고객관심사항]	SMS-RETURN [문자전송]	PRICE [가격]	C [카드]

부자 미용사는 얼굴에 미소가 있고,
가난한 미용사는 얼굴에 무표정이 있다.

부자 미용사는 종일 뭐가 그리 기분이 좋은지 항상 신이나 있다.

고객이 오면 더욱 신이난 모습이 만들어진다. 꼭 미용실에 놀러 오는 사람 같다.

맞다 그들은 미용실을 놀이터로 안다.

얼굴에 미소가 있는 미용사는 적어도 50% 이상은 성공한 셈이다.

이제껏 무표정한 얼굴을 한 매장 탑 미용사를 본 적이 있는가?

참으로 신기하다.

왜 무표정일까? 무엇이 그들을 무표정하게 만들었을까?

그들에게 물어보았다.

"선생님은 밝고 웃는 사람이 좋으세요? 아니면 힘없고 무표정한 사람이 좋으세요?"

라고 물으면 모두 당연히 첫 번째 사람이 좋다고 한다.

당연히 고객도, 인턴도, 동료 미용사도,

원장님도 그럴 것이다.

그런데 왜 무표정하고 무뚝뚝할까?

무엇이 그들을 그렇게 만들었을까?

고객 수 체크

- 어제까지 온 소개 고객 수   /
- 어제까지 온 고정 고객 수   /
- 어제까지 온 마케팅 고객 수   /
- 어제까지 등록한 VIP 수   /
- 어제까지 제품 판매 개수   /
- 어제까지 받은 대체/신규 수   /

나를 위하여 할 일

ex 3일 후 관심 문자 보내기, 커트연습

오늘 느낀 감사의 글

ex 3시간 넘게 멀리서 오신 고객님

오늘 성장한 일

ex 관심 문자 발송

 DAY

DAILY FORM EXPLANATION

◇ 오늘의 명언

TIME	NAME [이름]	CS [고객분류]	CL [고객레벨]	PROFESSIONAL		SEX [성별]	A MATTER OF CONCERN	SMILE SERVICE		C [카드]
				SERVICE [시술]	DESCRIPTION [세부사항]		CONCERN [고객관심사항]	SMS-RETURN [문자전송]	PRICE [가격]	

부자 미용사는 얼굴에 미소가 있고,
가난한 미용사는 얼굴에 무표정이 있다.

무표정

20년간 연구하고 상담해본 결과,

대부분이 그들의 문제가 아니라는 것을 알아냈다.

과거나 어린시절로 되돌아가야 한다.

무표정한 미용사들은 과거나 어린시절 무표정할 수밖에 없는 환경에서 자랐다.

그래서 무의식적으로 무뚝뚝해지고 무표정하며 말수가 줄어 들었다.

바로 그들이 어떻게 할 수 없었던 환경이 문제였다.

바로 이거다.

과거나 어린시절 환경이 문제였으니

이제는 환경을 바꾸면 된다.

당신도 밝고 에너지 넘치며 입가에 미소가 떠나지 않는
그런 부자 미용사가 될 수 있다.

고객 수 체크

- 어제까지 온 소개 고객 수   /
- 어제까지 온 고정 고객 수   /
- 어제까지 온 마케팅 고객 수   /
- 어제까지 등록한 VIP 수   /
- 어제까지 제품 판매 개수   /
- 어제까지 받은 대체/신규 수   /

나를 위하여 할 일

ex) 3일 후 관심 문자 보내기, 커트연습

오늘 느낀 감사의 글

ex) 3시간 넘게 멀리서 오신 고객님

오늘 성장한 일

ex) 관심 문자 발송

DAY

DAILY FORM EXPLANATION

20 _____ . _____ . _____ .

💎 오늘의 명언

TIME	NAME [이름]	CS [고객 분류]	CL [고객 레벨]	PROFESSIONAL		SEX [성별]	A MATTER OF CONCERN	SMILE SERVICE		C [카드]
				SERVICE [시술]	DESCRIPTION [세부사항]		CONCERN [고객관심사항]	SMS-RETURN [문자전송]	PRICE [가격]	

부자 미용사는 얼굴에 미소가 있고,
가난한 미용사는 얼굴에 무표정이 있다.

얼굴에 미소를 담는 법

첫 번째는 본인이 '나는 밝고 미소 짓는 사람이 되고 싶다.'라고 원해야 한다.

두 번째는 미소 짓는 멋진 당신 사진을 보라.

없다면 미소 짓는 사진을 찍어라. 당신을 미소 짓게 하는 영상이나 사진, 글을 보라.
그리고 유쾌하고 밝은 미소 짓는 당신 얼굴을 사진으로 남겨라.
여러 장을 찍어 가장 맘에 드는 사진을 골라 사용하면 된다.

세 번째는 아침에 일어나자마자 머릿속으로 생각하라. '나는 밝고 미소 짓는 사람이다.'

그리고 세 번 크게 외쳐라. "나는 밝고 미소 짓는 사람이다." "나는 밝고 미소 짓는 사람이다." "나는 밝고 미소 짓는 사람이다." 자 이제 실전이다.

네 번째는 당신을 처음 만나는 사람에게
큰소리로 밝게 인사하라. 상상하라. 그리고 연습하라.

미친 것이 아니고 당신은 멋지고 미소 짓는 사람이다.
당신은 당신이 선택하는 순간 그런 사람이 된다.
다만 선택하지 않으면 습관에 의해
프로그램되어진 대로 행동하게 된다.

DAY

고객 수 체크

- 어제까지 온 소개 고객 수 /
- 어제까지 온 고정 고객 수 /
- 어제까지 온 마케팅 고객 수 /
- 어제까지 등록한 VIP 수 /
- 어제까지 제품 판매 개수 /
- 어제까지 받은 대체/신규 수 /

나를 위하여 할 일

ex 3일 후 관심 문자 보내기, 커트연습

오늘 느낀 감사의 글

ex 3시간 넘게 멀리서 오신 고객님

오늘 성장한 일

ex 관심 문자 발송

20 _____ . _____ . _____ .

◇ 오늘의 명언

TIME	NAME [이름]	CS [고객분류]	CL [고객레벨]	PROFESSIONAL		SEX [성별]	A MATTER OF CONCERN	SMILE SERVICE		C [카드]
				SERVICE [시술]	DESCRIPTION [세부사항]		CONCERN [고객관심사항]	SMS-RETURN [문자전송]	PRICE [가격]	

부자 미용사는 얼굴에 미소가 있고,
가난한 미용사는 얼굴에 무표정이 있다.

"오늘 선생님에게 무슨 좋은 일이 있나 보네."라고 생각하게 만들어라.
연습하라. 만나는 모든 사람과의 인사는 하이파이브가 좋다.

이 방법으로 당신은 90일 만에

멋지고 에너지 있는 미소 짓는 부자 미용사가 되어있을 것이다.

단골 고객은 거짓말 같이 늘어 있다.

무척 강력한 벅찬 에너지가가 당신 가슴에 뛰고 있다.

주변 사람 모두가 나를 보고 미소 짓고 있다.

더는 환경이 당신을 어찌할 수 없다.

왜냐하면, 당신이 환경을 바꿀 수 있기 때문이다.

고객 수 체크

- 어제까지 온 소개 고객 수   /
- 어제까지 온 고정 고객 수   /
- 어제까지 온 마케팅 고객 수   /
- 어제까지 등록한 VIP 수   /
- 어제까지 제품 판매 개수   /
- 어제까지 받은 대체/신규 수   /

나를 위하여 할 일

ex 3일 후 관심 문자 보내기, 커트연습

오늘 느낀 감사의 글

ex 3시간 넘게 멀리서 오신 고객님

오늘 성장한 일

ex 관심 문자 발송

DAILY FORM EXPLANATION

20 _____ . _____ . _____ .

◇ 오늘의 명언

TIME	NAME [이름]	CS [고객분류]	CL [고객레벨]	PROFESSIONAL		A MATTER OF CONCERN		SMILE SERVICE		
				SERVICE [시술]	DESCRIPTION [세부사항]	SEX [성별]	CONCERN [고객관심사항]	SMS-RETURN [문자전송]	PRICE [가격]	C [카드]

부자 미용사는 시간 대부분을 미용 이야기를 하고,
가난한 미용사는 시간 대부분을 미용을 제외한 이야기만 한다.

지금 핸드폰을 켜라.

그리고 녹음 애플리케이션을 찾아 녹음 기능을 켜라.

이제 평상시처럼 행동하라.

잠들기 전 녹음을 들어라.

어제 당신 입에서 당신을 위한 성장에 관한 이야기를 많이 했는가?

아니면 전혀 기억도 없을 쓸데없는 이야기로 시간을 낭비했는가?

DAY

고객 수 체크

- 어제까지 온 소개 고객 수   /
- 어제까지 온 고정 고객 수   /
- 어제까지 온 마케팅 고객 수   /
- 어제까지 등록한 VIP 수   /
- 어제까지 제품 판매 개수   /
- 어제까지 받은 대체/신규 수   /

나를 위하여 할 일

ex 3일 후 관심 문자 보내기, 커트연습

오늘 느낀 감사의 글

ex 3시간 넘게 멀리서 오신 고객님

오늘 성장한 일

ex 관심 문자 발송

20 _____ . _____ . _____ .

💎 오늘의 명언

TIME	NAME [이름]	CS [고객분류]	CL [고객레벨]	PROFESSIONAL		A MATTER OF CONCERN		SMILE SERVICE		
				SERVICE [시술]	DESCRIPTION [세부사항]	SEX [성별]	CONCERN [고객관심사항]	SMS-RETURN [문자전송]	PRICE [가격]	C [카드]

부자 미용사는 고객이 먼저이고,
가난한 미용사는 매출이 먼저이다.

가슴에 손을 얹고 생각해 보자.

고객을 생각하면 '커트할까? 펌이나 염색? 모발케어를 권할까?' 등의

매출에 관한 생각이 먼저 드는가?

아니면 '안 오신지 오래되어서 머리 손질 어려우셨겠다.'

'어떤 헤어스타일로 만족을 줄까?'

'오늘 오랜만에 오셨으니 미용실에 있는 시간이라도 기쁘게 해 드려야지.'

'나가실 때 밝은 미소로 행복하게 나갈 수 있도록 뭘 준비할까?'

'친구나 지인과 함께 오면 함께 오신 분 서비스 시술을 해 드려야지.'

'빨리 보고 싶다.'

'처음 시술하는 분을 위해 나를 기억할 수 있도록

선물을 준비해야지.'

당신은 어떤 생각을 많이 하는가?

 DAY

고객 수 체크

• 어제까지 온 소개 고객 수   /

• 어제까지 온 고정 고객 수   /

• 어제까지 온 마케팅 고객 수   /

• 어제까지 등록한 VIP 수   /

• 어제까지 제품 판매 개수   /

• 어제까지 받은 대체/신규 수   /

나를 위하여 할 일

ex 3일 후 관심 문자 보내기, 커트연습

오늘 느낀 감사의 글

ex 3시간 넘게 멀리서 오신 고객님

오늘 성장한 일

ex 관심 문자 발송

20 _____ . _____ . _____ .

💎 오늘의 명언

TIME	NAME [이름]	CS [고객 분류]	CL [고객 레벨]	PROFESSIONAL		SEX [성별]	A MATTER OF CONCERN	SMILE SERVICE		C [카드]
				SERVICE [시술]	DESCRIPTION [세부사항]		CONCERN [고객관심사항]	SMS-RETURN [문자전송]	PRICE [가격]	

부자 미용사는 고객이 먼저이고,
가난한 미용사는 매출이 먼저이다.

당신은 어느 것을 생각하는가?

전자의 생각을 하는 미용사는 가난한 미용사요

후자의 생각을 하는 미용사는 부자 미용사이다.

하지만 어느 것을 생각했든 괜찮다.

당신은 부자 미용사가 될 수 있으니 말이다.

당신이 원하기만 하면 된다.

당신은 직접 환경을 바꿀 수 있으니 말이다.

앞으로는 〈부자 미용사 가난한 미용사 : 성공하는

미용사를 위한 성장노트〉를 읽고 기록하면 된다.

누구든 90일 미션이면 충분하다.

고객 수 체크

• 어제까지 온 소개 고객 수   /

• 어제까지 온 고정 고객 수   /

• 어제까지 온 마케팅 고객 수   /

• 어제까지 등록한 VIP 수   /

• 어제까지 제품 판매 개수   /

• 어제까지 받은 대체/신규 수   /

나를 위하여 할 일

ex 3일 후 관심 문자 보내기, 커트연습

오늘 느낀 감사의 글

ex 3시간 넘게 멀리서 오신 고객님

오늘 성장한 일

ex 관심 문자 발송

 DAY

DAILY FORM EXPLANATION

20 _____ . _____ . _____ .

◇ 오늘의 명언

TIME	NAME [이름]	CS [고객분류]	CL [고객레벨]	PROFESSIONAL		SEX [성별]	A MATTER OF CONCERN	SMILE SERVICE		C [카드]
				SERVICE [시술]	DESCRIPTION [세부사항]		CONCERN [고객관심사항]	SMS-RETURN [문자전송]	PRICE [가격]	

고객 시술 현황

20 _____ 년 _____ 월

일	요일	매 출 액	COUSTOMER SEGMENTATION [고객분류]																회원권	점판
			REGULAR [고정단골]				RECOMMENDER [소개/마케팅]				SUBSITUTE [대체]				CASUAL [신규]					
			PERM	COLOR	CUT	ETC	PERM	COLOR	CUT	ETC	PERM	COLOR	CUT	ETC	PERM	COLOR	CUT	ETC		
1																				
2																				
3																				
4																				
5																				
6																				
7																				
8																				
9																				
10																				
11																				
12																				
13																				
14																				
15																				
16																				
17																				
18																				
19																				
20																				
21																				
22																				
23																				
24																				
25																				
26																				
27																				
28																				
29																				
30																				
31																				

REGULAR [고정단골]

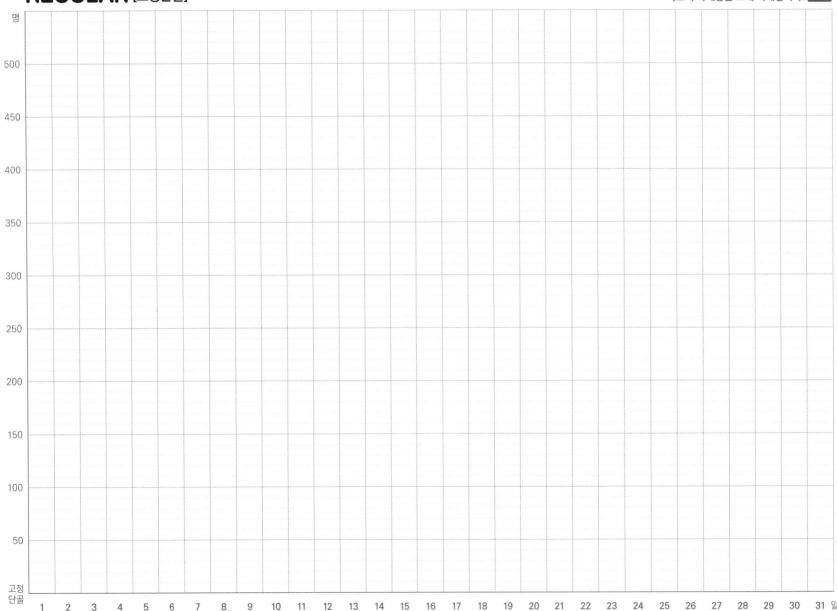

RECOMMENDER [소개/마케팅]

명

50

45

40

35

30

25

20

15

10

5

소개
마케팅

1 2 3 4 5 6 7 8 9 10 11 12 13 14 15 16 17 18 19 20 21 22 23 24 25 26 27 28 29 30 31 일

회원권

명

50

45

40

35

30

25

20

15

10

5

회원권
VIP

1 2 3 4 5 6 7 8 9 10 11 12 13 14 15 16 17 18 19 20 21 22 23 24 25 26 27 28 29 30 31 일

점판

갯수

100

90

80

70

60

50

40

30

20

10

점판

1 2 3 4 5 6 7 8 9 10 11 12 13 14 15 16 17 18 19 20 21 22 23 24 25 26 27 28 29 30 31 일

MEMO

MEMO

성공하는 미용사를 위한 성/장/노/트/

부자 미용사 ✂ 가난한 미용사

MONTH

부자 미용사는 시간이 있으면
'어떻게 하면 더 성장할 수 있을까?'를 계획하고 실행한다.
가난한 미용사는 시간이 있으면
'어떻게 소비할까?'를 계획하고 실행한다.

가난한 미용사는 "더 열심히 하기 위한 재충전",

'여가 활동', '힐링', '기분전환' 등

갖은 포장지로 가치 없는 시간 소비를 한다.

그래서 가난한 미용사는 시간을 정해 놓았다.

일하는 시간과 나머지는 개인 여가시간이라고 말이다.

기억하라.

부자 미용사는 일은 재미이며 놀이이고

일하지 않는 시간은 일을 더 재미있게 더 성장할 수 있는

아이디어를 발굴하는 시간으로 사용하고 있다.

무엇을 보든, 무엇을 듣든, 무엇을 먹든, 무엇을 행하든

머릿속에는 온통 재미있는 일과 연관되어 있다.

DAY

고객 수 체크

- 어제까지 온 소개 고객 수   /
- 어제까지 온 고정 고객 수   /
- 어제까지 온 마케팅 고객 수   /
- 어제까지 등록한 VIP 수   /
- 어제까지 제품 판매 개수   /
- 어제까지 받은 대체/신규 수   /

나를 위하여 할 일

ex 3일 후 관심 문자 보내기, 커트연습

오늘 느낀 감사의 글

ex 3시간 넘게 멀리서 오신 고객님

오늘 성장한 일

ex 관심 문자 발송

DAILY FORM EXPLANATION

20 _____ . _____ . _____ .

◇ 오늘의 명언

| TIME | NAME [이름] | CS [고객분류] | CL [고객래벨] | PROFESSIONAL | | A MATTER OF CONCERN | | SMILE SERVICE | | C [카드] |
				SERVICE [시술]	DESCRIPTION [세부사항]	SEX [성별]	CONCERN [고객관심사항]	SMS-RETURN [문자전송]	PRICE [가격]	

성공하는 미용사를 위한 성 장 노 트 / 부자 미용사 ✂ 가난한 미용사

**부자 미용사는 시간이 있으면
'어떻게 하면 더 성장할 수 있을까?'를 계획하고 실행한다.
가난한 미용사는 시간이 있으면
'어떻게 소비할까?'를 계획하고 실행한다.**

고객은 놀이의 친구이며, 미용실은 놀이터이며
나머지는 이것들을 더 잘하고 재미있게 하기 위한
연구 개발의 시간이다.

**누구는 시간을 소비하는 데 사용하고
누구는 시간을 성장하는 데 축적한다.**

기억하라.
부자 미용사는 누구와의 비교가 아닌
어제의 나 그리고 오늘의 나만이 비교 대상이다.
오늘의 미용사는 어제의 미용사보다
부자 미용사가 되기를 바란다.

 DAY

고객 수 체크

- 어제까지 온 소개 고객 수   /
- 어제까지 온 고정 고객 수   /
- 어제까지 온 마케팅 고객 수   /
- 어제까지 등록한 VIP 수   /
- 어제까지 제품 판매 개수   /
- 어제까지 받은 대체/신규 수   /

나를 위하여 할 일

[ex] 3일 후 관심 문자 보내기, 커트연습

오늘 느낀 감사의 글

[ex] 3시간 넘게 멀리서 오신 고객님

오늘 성장한 일

[ex] 관심 문자 발송

DAILY FORM EXPLANATION

20 _____ . _____ . _____ .

💎 오늘의 명언

TIME	NAME [이름]	CS [고객분류]	CL [고객레벨]	PROFESSIONAL		SEX [성별]	A MATTER OF CONCERN	SMILE SERVICE		C [카드]
				SERVICE [시술]	DESCRIPTION [세부사항]		CONCERN [고객관심사항]	SMS-RETURN [문자전송]	PRICE [가격]	

부자 미용사는 고객 관리를 하지만,
가난한 미용사는 고객 관리 단어조차 모른다.

미용사가 된지 채 일 년도 되지 않았는지만, 단골 고객만 300여 명이 넘는 선생님이 있었다.

단골 고객을 짧은 시간 안에 이렇게 많이 확보하게 된 특별한 비법을 물어보았다.

그 선생님은 자기가 만들어 놓은 네 가지 철칙이 있다고 하였다.

"고객 방문 시 재미있게 해 줄 것!", "기쁘게 해 줄 것!", "나갈 때 행복한 기분으로 보낼 것!",

그리고 나머지 한 가지는 "나를 기억하게 할 것!"이었다.

듣고 보니 아주 명쾌한 최고의 고객관리 마인드이다.

대부분의 일반적인 미용사는 오늘 시술하는 비용, 오늘 매출만 생각하지

이렇게 진정성 있는 고객을 위한 마음은 부족한 것 같다.

이 글을 읽는 당신도 위와 같이 고객을 생각하고 있다면

당신은 분명히 부자 미용사이다.

DAY

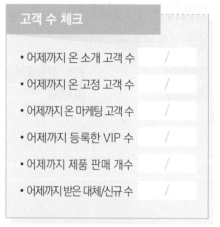

고객 수 체크

- 어제까지 온 소개 고객 수 　　　　/
- 어제까지 온 고정 고객 수 　　　　/
- 어제까지 온 마케팅 고객 수 　　　/
- 어제까지 등록한 VIP 수 　　　　/
- 어제까지 제품 판매 개수 　　　　/
- 어제까지 받은 대체/신규 수 　　　/

나를 위하여 할 일

ex 3일 후 관심 문자 보내기, 커트연습

오늘 느낀 감사의 글

ex 3시간 넘게 멀리서 오신 고객님

오늘 성장한 일

ex 관심 문자 발송

◆ 오늘의 명언

TIME	NAME [이름]	CS [고객분류]	CL [고객레벨]	PROFESSIONAL		SEX [성별]	A MATTER OF CONCERN	SMILE SERVICE		C [카드]
				SERVICE [시술]	DESCRIPTION [세부사항]		CONCERN [고객관심사항]	SMS-RETURN [문자전송]	PRICE [가격]	

부자 미용사는 고객의 행복을 위해 노력하고, 가난한 미용사는 돈을 벌려고 노력한다.

- 어제까지 온 소개 고객 수 　　/
- 어제까지 온 고정 고객 수 　　/
- 어제까지 온 마케팅 고객 수 　　/
- 어제까지 등록한 VIP 수 　　/
- 어제까지 제품 판매 개수 　　/
- 어제까지 받은 대체/신규 수 　　/

부자 미용사는

- 커트 공부를 고객을 위해서
- 염색 공부를 고객을 위해서
- 펌 공부를 고객을 위해서
- 미용 공부를 고객을 위해서

고객의 행복을 위해서 노력한다.

나를 위하여 할 일

ex 3일 후 관심 문자 보내기, 커트연습

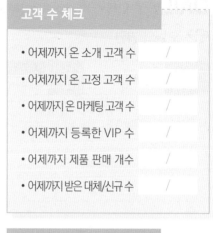

but

오늘 느낀 감사의 글

ex 3시간 넘게 멀리서 오신 고객님

대부분 미용사는

- 커트 공부를 돈과 스펙을 위해서
- 염색 공부를 돈과 자랑을 위해서
- 펌 공부를 돈과 자기 위안을 위해서
- 미용 공부를 남에게 뒤처지지 않기 위해서

자존심과 자랑과 돈을 목적으로 노력한다.

오늘 성장한 일

ex 관심 문자 발송

DAY

💎 오늘의 명언

TIME	NAME [이름]	CS [고객분류]	CL [고객레벨]	PROFESSIONAL		SEX [성별]	A MATTER OF CONCERN	SMILE SERVICE		C [카드]
				SERVICE [시술]	DESCRIPTION [세부사항]		CONCERN [고객관심사항]	SMS-RETURN [문자전송]	PRICE [가격]	

성공하는 미용사를 위한 성 장 노 트 부자 미용사 ✂ 가난한 미용사

부자 미용사는 고객에게 매일 관심 문자를 보내지만, 가난한 미용사는 연락처도 모른다.

부자 미용사의 고객 관리법 가운데
중요한 한 가지를 소개한다.

3일 전에 시술하러 오신 모든 고객에게
가벼운 안부를 묻고, 시술해드린 것이 잘 되는지
카톡으로 한 분 한 분 관심 톡을 보내는 것이다.
이 방법 하나만으로도 재방문율이 50% 이상 증가할 것이다.

하루 최대 20명까지 시술을 한다면,
20명의 고객에게 톡을 보내게 된다.
그 시간은 아무리 길어도 30분 이상 걸리지 않을 것이다.

고객 수 체크

- 어제까지 온 소개 고객 수   /
- 어제까지 온 고정 고객 수   /
- 어제까지 온 마케팅 고객 수   /
- 어제까지 등록한 VIP 수   /
- 어제까지 제품 판매 개수   /
- 어제까지 받은 대체/신규 수   /

나를 위하여 할 일

ex 3일 후 관심 문자 보내기, 커트연습

오늘 느낀 감사의 글

ex 3시간 넘게 멀리서 오신 고객님

오늘 성장한 일

ex 관심 문자 발송

 DAY

DAILY FORM EXPLANATION

20 _____ . _____ . _____ .

◇ 오늘의 명언

TIME	NAME [이름]	CS [고객분류]	CL [고객레벨]	PROFESSIONAL		SEX [성별]	A MATTER OF CONCERN	SMILE SERVICE		C [카드]
				SERVICE [시술]	DESCRIPTION [세부사항]		CONCERN [고객관심사항]	SMS-RETURN [문자전송]	PRICE [가격]	

부자 미용사는 고객에게 매일 관심 문자를 보내지만, 가난한 미용사는 연락처도 모른다.

바로 따라하라! 바로 실행하라!

"우리 미용실은 고객관리를 할 수 없게 해요."라는 구차한 변명은 하지 마라.

카톡 친구는 전화번호도 필요 없다.

카톡 아이디를 확보하라. 그리고 친구를 맺어라.

고객과 친구라니 얼마나 좋은가!

친구가 미용사라면 누구에게 머리를 해야 하는가?

당연히 친구에게 머리를 하지 않을까?

당신은 할 수 있다.

부자 미용사의 마인드를 가지고,

고객에게 매일 관심 문자를 보내라.

어느덧 당신도

부자 미용사가 되어 있을 것이다.

고객 수 체크

- 어제까지 온 소개 고객 수   /
- 어제까지 온 고정 고객 수   /
- 어제까지 온 마케팅 고객 수   /
- 어제까지 등록한 VIP 수   /
- 어제까지 제품 판매 개수   /
- 어제까지 받은 대체/신규 수   /

나를 위하여 할 일

ex 3일 후 관심 문자 보내기, 커트연습

오늘 느낀 감사의 글

ex 3시간 넘게 멀리서 오신 고객님

오늘 성장한 일

ex 관심 문자 발송

DAY

◇ 오늘의 명언

TIME	NAME [이름]	CS [고객분류]	CL [고객레벨]	PROFESSIONAL		SEX [성별]	A MATTER OF CONCERN	SMILE SERVICE		C [카드]
				SERVICE [시술]	DESCRIPTION [세부사항]		CONCERN [고객관심사항]	SMS-RETURN [문자전송]	PRICE [가격]	

**부자 미용사는 고객에게 매일 관심 문자를 보내지만,
가난한 미용사는 연락처도 모른다.**

3 고객에게 관심 문자 보내는 방법

사전 준비사항 3가지

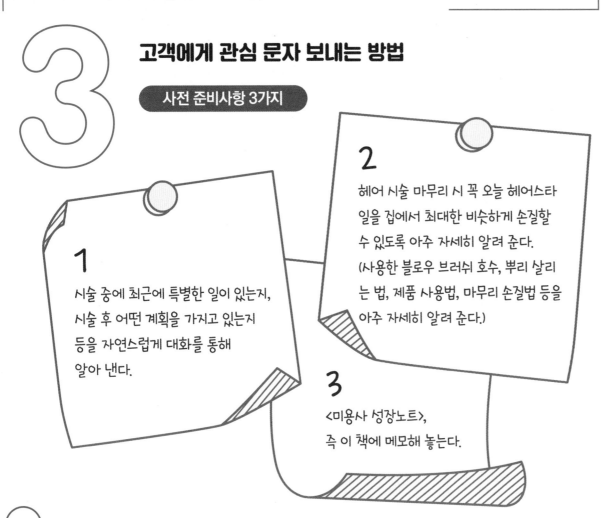

1

시술 중에 최근에 특별한 일이 있는지,
시술 후 어떤 계획을 가지고 있는지
등을 자연스럽게 대화를 통해
알아 낸다.

2

헤어 시술 마무리 시 꼭 오늘 헤어스타
일을 집에서 최대한 비슷하게 손질할
수 있도록 아주 자세히 알려 준다.
(사용한 블로우 브러쉬 호수, 뿌리 살리
는 법, 제품 사용법, 마무리 손질법 등을
아주 자세히 알려 준다.)

3

<미용사 성장노트>,
즉 이 책에 메모해 놓는다.

고객 수 체크

• 어제까지 온 소개 고객 수   /

• 어제까지 온 고정 고객 수   /

• 어제까지 온 마케팅 고객 수   /

• 어제까지 등록한 VIP 수   /

• 어제까지 제품 판매 개수   /

• 어제까지 받은 대체/신규 수   /

나를 위하여 할 일

ex) 3일 후 관심 문자 보내기, 커트연습

오늘 느낀 감사의 글

ex) 3시간 넘게 멀리서 오신 고객님

오늘 성장한 일

ex) 관심 문자 발송

DAY

DAILY FORM EXPLANATION

20 _____ . _____ . _____ .

◇ 오늘의 명언

TIME	NAME [이름]	CS [고객분류]	CL [고객레벨]	PROFESSIONAL		A MATTER OF CONCERN		SMILE SERVICE		
				SERVICE [시술]	DESCRIPTION [세부사항]	SEX [성별]	CONCERN [고객관심사항]	SMS-RETURN [문자전송]	PRICE [가격]	C [카드]

부자 미용사는 고객에게 매일 관심 문자를 보내지만, 가난한 미용사는 연락처도 모른다.

고객에게 관심 문자 보내기

이 책 〈미용사 성장노트〉를 열어

3일 전에 메모해 놓은 고객님 정보를 보고 문자를 구성한다.

문자 구성 시 가볍게 위의 1번의 이야기를 꺼내고

"머리 손질은 잘 되시나요? 제가 알려드린 대로 해보시고

잘 안 되면 바로 연락해주세요. 즐거운 하루 되시고요."

이렇게 문자로 마무리한다.

즐거운 하루
되세요~ ♡

답문이 없어도 실망하지 마라.

50% 이상 재방문율이 증가할 것이다.

놀라운 기적이 일어날 것이다.

DAY

고객 수 체크

- 어제까지 온 소개 고객 수   /
- 어제까지 온 고정 고객 수   /
- 어제까지 온 마케팅 고객 수   /
- 어제까지 등록한 VIP 수   /
- 어제까지 제품 판매 개수   /
- 어제까지 받은 대체/신규 수   /

나를 위하여 할 일

ex) 3일 후 관심 문자 보내기, 커트연습

오늘 느낀 감사의 글

ex) 3시간 넘게 멀리서 오신 고객님

오늘 성장한 일

ex) 관심 문자 발송

◇◇ 오늘의 명언

TIME	NAME [이름]	CS [고객분류]	CL [고객레벨]	PROFESSIONAL		A MATTER OF CONCERN		SMILE SERVICE		C [카드]
				SERVICE [시술]	DESCRIPTION [세부사항]	SEX [성별]	CONCERN [고객관심사항]	SMS-RETURN [문자전송]	PRICE [가격]	

부자 미용사는 단골 고객을 늘릴 생각을 하고, 가난한 미용사는 '왜 수익이 적을까'만을 생각한다.

부자 미용사의 머릿속에는

'어떻게 하면 단골을 늘릴까?'

'어떻게 하면 나를 고객의 전담 미용사로 만들까?'

'명함에 "고객님의 헤어 전담 미용사가 되어드리겠습니다."라는 문구를 넣을까?'

'나만의 음료 메뉴판을 만들까?'

'처음 방문한 고객님에게 나를 기억할 수 있도록 특별한 이벤트를 만들어 보자.'

'그래, 깜짝 선물을 준비하는 거야!'

'어떤 선물을 가장 좋아할까?'

온통 고객을 위한 생각만 한다.

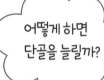

어떻게 하면 단골을 늘릴까?

hmmm...

고객 수 체크

- 어제까지 온 소개 고객 수   /
- 어제까지 온 고정 고객 수   /
- 어제까지 온 마케팅 고객 수   /
- 어제까지 등록한 VIP 수   /
- 어제까지 제품 판매 개수   /
- 어제까지 받은 대체/신규 수   /

나를 위하여 할 일

ex 3일 후 관심 문자 보내기, 커트연습

오늘 느낀 감사의 글

ex 3시간 넘게 멀리서 오신 고객님

오늘 성장한 일

ex 관심 문자 발송

DAY

98

💎 오늘의 명언

TIME	NAME [이름]	CS [고객분류]	CL [고객세별]	PROFESSIONAL		SEX [성별]	A MATTER OF CONCERN	SMILE SERVICE		C [카드]
				SERVICE [시술]	DESCRIPTION [세부사항]		CONCERN [고객관심사항]	SMS-RETURN [문자전송]	PRICE [가격]	

부자 미용사는 단골 고객을 늘릴 생각을 하고, 가난한 미용사는 '왜 수익이 적을까'만을 생각한다.

하지만 대부분 미용사는

'이번 달 매출은 저번 달과 비슷하군. 이 정도 들어오겠네.'

'이번 달은 저번 달보다 떨어졌네, 난 망했어!'

'뭐 어떻게 되겠지….'

또 다른 미용사는 이렇게 생각한다.

'인센티브가 작아.'

'나만 매출이 이런가?'

'신규가 없어서 그래….'

'인턴이 못 받쳐줘서 그래.'

'매장의 제도가 문제야!'

이렇게 모든 문제의 결과를 환경의 탓으로 돌린다.

그리고 똑같은 하루하루를 보낸다.

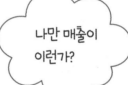

나만 매출이 이런가?

hmmm...

고객 수 체크

• 어제까지 온 소개 고객 수   /

• 어제까지 온 고정 고객 수   /

• 어제까지 온 마케팅 고객 수   /

• 어제까지 등록한 VIP 수   /

• 어제까지 제품 판매 개수   /

• 어제까지 받은 대체/신규 수   /

나를 위하여 할 일

ex 3일 후 관심 문자 보내기, 커트연습

오늘 느낀 감사의 글

ex 3시간 넘게 멀리서 오신 고객님

오늘 성장한 일

ex 관심 문자 발송

 DAY

💎 오늘의 명언

TIME	NAME [이름]	CS [고객분류]	CL [고객레벨]	PROFESSIONAL		SEX [성별]	A MATTER OF CONCERN	SMILE SERVICE		C [카드]
				SERVICE [시술]	DESCRIPTION [세부사항]		CONCERN [고객관심사항]	SMS-RETURN [문자전송]	PRICE [가격]	

성공하는 미용사를 위한 성 장 노 트 **부자 미용사 ✕ 가난한 미용사**

부자 미용사는 어제의 나와 비교하고,
가난한 미용사는 다른 이와 나를 비교한다.

부자 미용사는

어제의 나를 비교하여

성장을 위해 노력한다.

가난한 미용사는

남과 나를 비교하여

환경을 탓하며 불평불만을 한다.

 DAY

고객 수 체크

- 어제까지 온 소개 고객 수   /
- 어제까지 온 고정 고객 수   /
- 어제까지 온 마케팅 고객 수   /
- 어제까지 등록한 VIP 수   /
- 어제까지 제품 판매 개수   /
- 어제까지 받은 대체/신규 수   /

나를 위하여 할 일

ex 3일 후 관심 문자 보내기, 커트연습

오늘 느낀 감사의 글

ex 3시간 넘게 멀리서 오신 고객님

오늘 성장한 일

ex 관심 문자 발송

DAILY FORM EXPLANATION

20 _____ . _____ . _____ .

💎 오늘의 명언

TIME	NAME [이름]	CS [고객분류]	CL [고객레벨]	PROFESSIONAL		SEX [성별]	A MATTER OF CONCERN	SMILE SERVICE		C [카드]
				SERVICE [시술]	DESCRIPTION [세부사항]		CONCERN [고객관심사항]	SMS-RETURN [문자전송]	PRICE [가격]	

부자 미용사는 문제를 만나면 해결점을 생각하고, 가난한 미용사는 문제를 만나면 불만을 생각한다.

부자 미용사는
문제에 대해
다른 방법을 시도하거나
배움을 찾는다.

가난한 미용사는
문제에 대해
주변에 불평불만하고,
또 핑계를 찾는다.

고객 수 체크

• 어제까지 온 소개 고객 수   /
• 어제까지 온 고정 고객 수   /
• 어제까지 온 마케팅 고객 수   /
• 어제까지 등록한 VIP 수   /
• 어제까지 제품 판매 개수   /
• 어제까지 받은 대체/신규 수   /

나를 위하여 할 일

ex 3일 후 관심 문자 보내기, 커트연습

오늘 느낀 감사의 글

ex 3시간 넘게 멀리서 오신 고객님

오늘 성장한 일

ex 관심 문자 발송

DAY

DAILY FORM EXPLANATION

20 _____ . _____ . _____ .

💎 오늘의 명언

TIME	NAME [이름]	CS [고객분류]	CL [고객레벨]	PROFESSIONAL		A MATTER OF CONCERN		SMILE SERVICE		
				SERVICE [시술]	DESCRIPTION [세부사항]	SEX [성별]	CONCERN [고객관심사항]	SMS-RETURN [문자전송]	PRICE [가격]	C [카드]

부자 미용사는 방향을 생각하고,
가난한 미용사는 속도를 생각한다.

삶은 속도가 그리 중요하지 않다.

만약 잘못된 방향으로
속도를 내고 있다면, 돌아오는 길이
너무 멀어지기 때문이다.

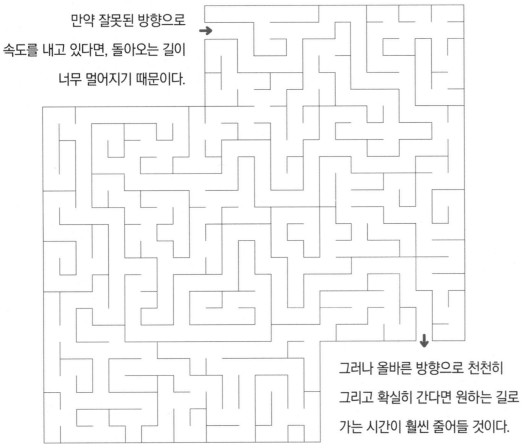

그러나 올바른 방향으로 천천히
그리고 확실히 간다면 원하는 길로
가는 시간이 훨씬 줄어들 것이다.

 DAY

고객 수 체크

- 어제까지 온 소개 고객 수   /
- 어제까지 온 고정 고객 수   /
- 어제까지 온 마케팅 고객 수   /
- 어제까지 등록한 VIP 수   /
- 어제까지 제품 판매 개수   /
- 어제까지 받은 대체/신규 수   /

나를 위하여 할 일

[ex] 3일 후 관심 문자 보내기, 커트연습

오늘 느낀 감사의 글

[ex] 3시간 넘게 멀리서 오신 고객님

오늘 성장한 일

[ex] 관심 문자 발송

DAILY FORM EXPLANATION

20 _____ . _____ . _____ .

◇ 오늘의 명언

| TIME | NAME [이름] | CS [고객분류] | CL [고객레벨] | PROFESSIONAL | | SEX [성별] | A MATTER OF CONCERN | SMILE SERVICE | | C [카드] |
				SERVICE [시술]	DESCRIPTION [세부사항]		CONCERN [고객관심사항]	SMS-RETURN [문자전송]	PRICE [가격]	

성공하는 미용사를 위한 성 장 노 트   부자 미용사 ⚔ 가난한 미용사

부자 미용사는 다른 이의 말에 귀 기울여 배울 것을 생각하고, 가난한 미용사는 다른 이의 말에 감정이 복받쳐 화를 낸다.

다른 이는 말할 때 두 가지 마음으로 한다.

하나는 다른 이, 즉 본인을 위해서
또 하나는 듣는 이, 즉 나를 위해서

본인을 위해 말하면 곱씹어 그 생각해 배울 수 있어야 하고
나를 위해서 이야기한다면 바꿀 수 있어야 한다.
그것이 무엇을 말하든 말이다.

DAY

고객 수 체크

- 어제까지 온 소개 고객 수   /
- 어제까지 온 고정 고객 수   /
- 어제까지 온 마케팅 고객 수   /
- 어제까지 등록한 VIP 수   /
- 어제까지 제품 판매 개수   /
- 어제까지 받은 대체/신규 수   /

나를 위하여 할 일

ex 3일 후 관심 문자 보내기, 커트연습

오늘 느낀 감사의 글

ex 3시간 넘게 멀리서 오신 고객님

오늘 성장한 일

ex 관심 문자 발송

DAILY FORM EXPLANATION

20 _____ . _____ . _____ .

◈ 오늘의 명언

TIME	NAME [이름]	CS [고객분류]	CL [고객레벨]	PROFESSIONAL		SEX [성별]	A MATTER OF CONCERN	SMILE SERVICE		C [카드]
				SERVICE [시술]	DESCRIPTION [세부사항]		CONCERN [고객관심사항]	SMS-RETURN [문자전송]	PRICE [가격]	

부자 미용사는 고객에게 필요한 미용사가 되려 하고, 가난한 미용사는 고객에게 기술로 으스댄다.

당신이 식당에 가게 된다면

최고의 요리를 위해 늘 노력하는 요리사가 좋은가?

단지, 최고의 요리를 배운 사람을 원하는가?

부자 미용사는

고객에게 꼭 필요한 최고의 미용사가 되기 위해

부단히 노력하고 또 연습한다.

그러나 가난한 미용사는

자신의 실력만을 으스댈 뿐이다.

고객 수 체크

- 어제까지 온 소개 고객 수   /
- 어제까지 온 고정 고객 수   /
- 어제까지 온 마케팅 고객 수   /
- 어제까지 등록한 VIP 수   /
- 어제까지 제품 판매 개수   /
- 어제까지 받은 대체/신규 수   /

나를 위하여 할 일

ex 3일 후 관심 문자 보내기, 커트연습

오늘 느낀 감사의 글

ex 3시간 넘게 멀리서 오신 고객님

오늘 성장한 일

ex 관심 문자 발송

 DAY

💎 오늘의 명언

TIME	NAME [이름]	CS [고객분류]	CL [고객레벨]	PROFESSIONAL		SEX [성별]	A MATTER OF CONCERN	SMILE SERVICE		C [카드]
				SERVICE [시술]	DESCRIPTION [세부사항]		CONCERN [고객관심사항]	SMS-RETURN [문자전송]	PRICE [가격]	

부자 미용사는 도전과 변화를 좋아하고,
가난한 미용사는 도전과 변화를 두려워한다.

부자 미용사에게 도전하고 변해보자고 하면

기쁘고 행복하다 말하며,

또 설레인다고 말한다.

가난한 미용사에게 도전하고 변해보자고 하면

불편하다 하고, 불평불만하고,

남을 비난하고 자기를 합리화한다.

정말 신기한 건 가난한 미용사는

그러면서도 잘되기를 잘살기를

행복하기를 원한다고

변화를 원한다고 말은 한다.

아무런 행동 없이…

 DAY

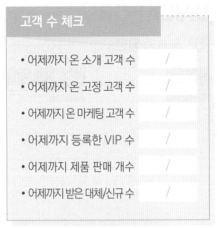

고객 수 체크

- 어제까지 온 소개 고객 수   /
- 어제까지 온 고정 고객 수   /
- 어제까지 온 마케팅 고객 수   /
- 어제까지 등록한 VIP 수   /
- 어제까지 제품 판매 개수   /
- 어제까지 받은 대체/신규 수   /

나를 위하여 할 일

ex 3일 후 관심 문자 보내기, 커트연습

오늘 느낀 감사의 글

ex 3시간 넘게 멀리서 오신 고객님

오늘 성장한 일

ex 관심 문자 발송

💎 오늘의 명언

TIME	NAME [이름]	CS [고객분류]	CL [고객레벨]	PROFESSIONAL		SEX [성별]	A MATTER OF CONCERN	SMILE SERVICE		C [카드]
				SERVICE [시술]	DESCRIPTION [세부사항]		CONCERN [고객관심사항]	SMS-RETURN [문자전송]	PRICE [가격]	

부자 미용사는 교육을 받을 수록 좋다 하고, 가난한 미용사는 다 해봤다고 한다.

고객 수 체크

- 어제까지 온 소개 고객 수   /
- 어제까지 온 고정 고객 수   /
- 어제까지 온 마케팅 고객 수   /
- 어제까지 등록한 VIP 수   /
- 어제까지 제품 판매 개수   /
- 어제까지 받은 대체/신규 수   /

부자 미용사는

교육을 받으면

하나라도 더 배웠다고

좋아하고 행복해한다.

가난한 미용사는

교육을 받으면

다 아는 내용이고 다 해봤다며

짜증내고 불평한다.

그리고는 결국

아무것도 배우지 못한다.

나를 위하여 할 일

ex 3일 후 관심 문자 보내기, 커트연습

오늘 느낀 감사의 글

ex 3시간 넘게 멀리서 오신 고객님

오늘 성장한 일

ex 관심 문자 발송

DAY

◇ 오늘의 명언

TIME	NAME [이름]	CS [고객분류]	CL [고객레벨]	PROFESSIONAL		SEX [성별]	A MATTER OF CONCERN	SMILE SERVICE		C [카드]
				SERVICE [시술]	DESCRIPTION [세부사항]		CONCERN [고객관심사항]	SMS-RETURN [문자전송]	PRICE [가격]	

성공하는 미용사를 위한 성 장 노 트 부자 미용사 ✂ 가난한 미용사

부자 미용사는 소개 고객을 늘리고,
가난한 미용사는 고객 단가를 늘린다.

고객 수 체크

- 어제까지 온 소개 고객 수   /
- 어제까지 온 고정 고객 수   /
- 어제까지 온 마케팅 고객 수   /
- 어제까지 등록한 VIP 수   /
- 어제까지 제품 판매 개수   /
- 어제까지 받은 대체/신규 수   /

부자 미용사는

고객의 만족과 행복을 위해

최선을 다해 노력하여

소개 고객을 부탁한다.

가난한 미용사는

고객의 만족과 행복보다는

개인의 매출이 우선이어서

자신도 모르는 사이 고객을 차별대우한다.

나를 위하여 할 일

ex 3일 후 관심 문자 보내기, 커트연습

오늘 느낀 감사의 글

ex 3시간 넘게 멀리서 오신 고객님

오늘 성장한 일

ex 관심 문자 발송

 DAY

◇ 오늘의 명언

TIME	NAME [이름]	CS [고객분류]	CL [고객레벨]	PROFESSIONAL		SEX [성별]	A MATTER OF CONCERN	SMILE SERVICE		C [카드]
				SERVICE [시술]	DESCRIPTION [세부사항]		CONCERN [고객관심사항]	SMS-RETURN [문자전송]	PRICE [가격]	

성공하는 미용사를 위한 성 장 노 트 부자 미용사 ✗ 가난한 미용사

부자 미용사는 스승을 믿고,
가난한 미용사는 자신을 믿는다.

부자 미용사는 문제에 봉착하면

마음의 깨우침을 준 스승에게 그 답을 구하려 한다.

가난한 미용사는 자신을 믿어

그 생각 속에 갇혀 버린다.

선생은 기술을 가르치고,

스승은 정신을 가르친다.

세 가지의 스승이 있다.

하나는 사람이고

또 하나는 사람이 만든 모든 것이며

마지막 하나는 자연 만물 전체이다.

DAY

고객 수 체크

- 어제까지 온 소개 고객 수   /
- 어제까지 온 고정 고객 수   /
- 어제까지 온 마케팅 고객 수   /
- 어제까지 등록한 VIP 수   /
- 어제까지 제품 판매 개수   /
- 어제까지 받은 대체/신규 수   /

나를 위하여 할 일

ex 3일 후 관심 문자 보내기, 커트연습

오늘 느낀 감사의 글

ex 3시간 넘게 멀리서 오신 고객님

오늘 성장한 일

ex 관심 문자 발송

DAILY FORM EXPLANATION

20 _____ . _____ . _____ .

◇ 오늘의 명언

TIME	NAME [이름]	CS [고객분류]	CL [고객레벨]	PROFESSIONAL		SEX [성별]	A MATTER OF CONCERN	SMILE SERVICE		C [카드]
				SERVICE [시술]	DESCRIPTION [세부사항]		CONCERN [고객관심사항]	SMS-RETURN [문자전송]	PRICE [가격]	

부자 미용사는 타인이 잘되면 함께 축복하고 배우려 하고, 가난한 미용사는 타인이 잘되면 시기하고 질투한다.

모든 미용실에는

그 매장에서 가장 잘하는 미용사가 있다.

부자 미용사는 그 미용사에게

부족한 것을 물어보고 배우려 하고

가난한 미용사는

'원장님이니까!' '부원장님이니까!' '실장님이니까!' 잘하지만,

'나랑은 달라, 그리고 내 스타일은 아니야!'라고 생각한다.

부러워는 하지만, 인정하지 않고 핑계만 대며

아무것도 배우지 않는다.

DAY

고객 수 체크

- 어제까지 온 소개 고객 수 /
- 어제까지 온 고정 고객 수 /
- 어제까지 온 마케팅 고객 수 /
- 어제까지 등록한 VIP 수 /
- 어제까지 제품 판매 개수 /
- 어제까지 받은 대체/신규 수 /

나를 위하여 할 일

ex) 3일 후 관심 문자 보내기, 커트연습

오늘 느낀 감사의 글

ex) 3시간 넘게 멀리서 오신 고객님

오늘 성장한 일

ex) 관심 문자 발송

DAILY FORM EXPLANATION

20 ＿＿＿ . ＿＿＿ . ＿＿＿ .

💎 오늘의 명언

TIME	NAME [이름]	CS [고객분류]	CL [고객레벨]	PROFESSIONAL		SEX [성별]	A MATTER OF CONCERN	SMILE SERVICE		C [카드]
				SERVICE [시술]	DESCRIPTION [세부사항]		CONCERN [고객관심사항]	SMS-RETURN [문자전송]	PRICE [가격]	

부자 미용사는 어제보다 오늘 더욱 성장한 하루를 보내고,
가난한 미용사는 어제와 같은 오늘을 보낸다.

- 어제까지 온 소개 고객 수   /
- 어제까지 온 고정 고객 수   /
- 어제까지 온 마케팅 고객 수   /
- 어제까지 등록한 VIP 수   /
- 어제까지 제품 판매 개수   /
- 어제까지 받은 대체/신규 수   /

부자 미용사는
하루 하루 일하면서
도전하고 또 다른 실행을 하며
기쁨을 느낀다.

가난한 미용사는
출근해서 퇴근할 때까지
어제와 같은 시간을 보내며
퇴근시간만 기다린다.

나를 위하여 할 일

ex 3일 후 관심 문자 보내기, 커트연습

오늘 느낀 감사의 글

ex 3시간 넘게 멀리서 오신 고객님

오늘 성장한 일

ex 관심 문자 발송

DAY

20 _____ . _____ . _____ .

◈ 오늘의 명언

TIME	NAME [이름]	CS [고객분류]	CL [고객레벨]	PROFESSIONAL		SEX [성별]	A MATTER OF CONCERN	SMILE SERVICE		C [카드]
				SERVICE [시술]	DESCRIPTION [세부사항]		CONCERN [고객관심사항]	SMS-RETURN [문자전송]	PRICE [가격]	

부자 미용사와 이야기하면 내일과 미래를 이야기하고, 가난한 미용사와 이야기하면 어제와 과거를 이야기한다.

부자 미용사는
평범한 대화도 밝고 힘이 있고
진취적이며, 내일 무엇을 해보자고
미래를 이야기한다.

가난한 미용사는
진상 고객, 팀원들의 뒷말, 불평 등
지난 과거를 이야기하며
시간을 보낸다.

고객 수 체크

- 어제까지 온 소개 고객 수   /
- 어제까지 온 고정 고객 수   /
- 어제까지 온 마케팅 고객 수   /
- 어제까지 등록한 VIP 수   /
- 어제까지 제품 판매 개수   /
- 어제까지 받은 대체/신규 수   /

나를 위하여 할 일

ex) 3일 후 관심 문자 보내기, 커트연습

오늘 느낀 감사의 글

ex) 3시간 넘게 멀리서 오신 고객님

오늘 성장한 일

ex) 관심 문자 발송

 DAY

DAILY FORM EXPLANATION

20 _____ . _____ . _____ .

◈ 오늘의 명언

TIME	NAME [이름]	CS [고객분류]	CL [고객레벨]	PROFESSIONAL		SEX [성별]	A MATTER OF CONCERN	SMILE SERVICE		C [카드]
				SERVICE [시술]	DESCRIPTION [세부사항]		CONCERN [고객관심사항]	SMS-RETURN [문자전송]	PRICE [가격]	

부자 미용사는 항시 아침 인사가 밝지만,
가난한 미용사는 감정 기복에 따라 달라진다.

부자 미용사는
아침 표정을 보면
좋은 일이 있는듯
항시 밝으며
모두에게 인사한다.

가난한 미용사는
본인이 기분 좋을 때는
좋아하는 사람에게만 밝게 인사하고
기분이 좋지 않을 때는
아무에게도 인사하지 않는다.

고객 수 체크

- 어제까지 온 소개 고객 수   /
- 어제까지 온 고정 고객 수   /
- 어제까지 온 마케팅 고객 수   /
- 어제까지 등록한 VIP 수   /
- 어제까지 제품 판매 개수   /
- 어제까지 받은 대체/신규 수   /

나를 위하여 할 일

ex 3일 후 관심 문자 보내기, 커트연습

오늘 느낀 감사의 글

ex 3시간 넘게 멀리서 오신 고객님

오늘 성장한 일

ex 관심 문자 발송

◇ 오늘의 명언

TIME	NAME [이름]	CS [고객분류]	CL [고객레벨]	PROFESSIONAL		SEX [성별]	A MATTER OF CONCERN	SMILE SERVICE		C [카드]
				SERVICE [시술]	DESCRIPTION [세부사항]		CONCERN [고객관심사항]	SMS-RETURN [문자전송]	PRICE [가격]	

부자 미용사는 고객이 원하는 사람이고,
가난한 미용사는 내가 원하는 고객을 찾는다.

고객이 원하는 미용사는 어떤 미용사일까?

고객이 원하는 미용사

인간적인 **H**umanism

노력하는 **E**ffort

전문적인 **P**rofessional

고객이 원하는 미용사는 인간적이고, 노력하고, 전문적인 사람이다.

그렇다면 당신은 어떠한가?

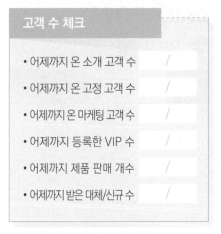

 DAY

◇ 오늘의 명언

TIME	NAME [이름]	CS [고객 분류]	CL [고객 레벨]	PROFESSIONAL		SEX [성별]	A MATTER OF CONCERN	SMILE SERVICE		C [카드]
				SERVICE [시술]	DESCRIPTION [세부사항]		CONCERN [고객관심사항]	SMS-RETURN [문자전송]	PRICE [가격]	

부자 미용사는 호감을 사게 하고,
가난한 미용사는 자신을 싫어지게 한다.

고객 수 체크

- 어제까지 온 소개 고객 수   /
- 어제까지 온 고정 고객 수   /
- 어제까지 온 마케팅 고객 수   /
- 어제까지 등록한 VIP 수   /
- 어제까지 제품 판매 개수   /
- 어제까지 받은 대체/신규 수   /

상대방이 나를
호감하게 하려면?

상대방이 나를
싫어지게 하려면?

상대방의 말을
연속 두 번 따라 하라!

상대방의 질문에
내 생각만 이야기하라!

– 마법의 호감 멘트 –

나를 위하여 할 일

ex 3일 후 관심 문자 보내기, 커트연습

오늘 느낀 감사의 글

ex 3시간 넘게 멀리서 오신 고객님

오늘 성장한 일

ex 관심 문자 발송

○ DAY

◇ 오늘의 명언

TIME	NAME [이름]	CS [고객분류]	CL [고객레벨]	PROFESSIONAL		SEX [성별]	A MATTER OF CONCERN	SMILE SERVICE		C [카드]
				SERVICE [시술]	DESCRIPTION [세부사항]		CONCERN [고객관심사항]	SMS-RETURN [문자전송]	PRICE [가격]	

부자 미용사는 끊임없이 노력하고,
가난한 미용사는 끊임없이 자만한다.

부자 미용사는 전문가로서 부단히 노력하고 또 노력한다.

MONTHLY

매월 트렌드를 **연구**합니다.

매월 **독서**를 합니다.

매월 **기술을 업그레이드**합니다.

매월 목표를 설정하고 **노력**합니다.

매월 미래에 **도전**합니다.

매월 전문가에게 **1:1 컨설팅**을 받습니다.

EVERY DAY

매일 **미소**를 잃지 않습니다.

매일 **긍정적으로 하루**를 보냅니다.

매일 **나는 할 수 있다고** 생각합니다.

고객 수 체크

- 어제까지 온 소개 고객 수   /
- 어제까지 온 고정 고객 수   /
- 어제까지 온 마케팅 고객 수   /
- 어제까지 등록한 VIP 수   /
- 어제까지 제품 판매 개수   /
- 어제까지 받은 대체/신규 수   /

나를 위하여 할 일

ex) 3일 후 관심 문자 보내기, 커트연습

오늘 느낀 감사의 글

ex) 3시간 넘게 멀리서 오신 고객님

오늘 성장한 일

ex) 관심 문자 발송

 DAY

DAILY FORM EXPLANATION

20 _____ . _____ . _____ .

TIME	NAME [이름]	CS [고객분류]	CL [고객레벨]	PROFESSIONAL		SEX [성별]	A MATTER OF CONCERN	SMILE SERVICE		C [카드]
				SERVICE [시술]	DESCRIPTION [세부사항]		CONCERN [고객관심사항]	SMS-RETURN [문자전송]	PRICE [가격]	

부자 미용사는 고객에게 행복을 드리고,
가난한 미용사는 고객에게 행복을 얻으려 한다.

저희는 아름다움을 넘어 고객님께 행복을 드리는 것이

진정한 미용사[美容師]라고 생각합니다.

저희에게 미용이란 과학과 감성의 결합이며,

노력의 결정체이며, 마음을 움직이는 아름다운 예술입니다.

그래서 아름다움을 넘어 행복을 드립니다.

DAY

고객 수 체크

- 어제까지 온 소개 고객 수   /
- 어제까지 온 고정 고객 수   /
- 어제까지 온 마케팅 고객 수   /
- 어제까지 등록한 VIP 수   /
- 어제까지 제품 판매 개수   /
- 어제까지 받은 대체/신규 수   /

나를 위하여 할 일

ex 3일 후 관심 문자 보내기, 커트연습

오늘 느낀 감사의 글

ex 3시간 넘게 멀리서 오신 고객님

오늘 성장한 일

ex 관심 문자 발송

DAILY FORM EXPLANATION

20 _____ . _____ . _____ .

TIME	NAME [이름]	CS [고객분류]	CL [고객레벨]	PROFESSIONAL		SEX [성별]	A MATTER OF CONCERN	SMILE SERVICE		C [카드]
				SERVICE [시술]	DESCRIPTION [세부사항]		CONCERN [고객관심사항]	SMS-RETURN [문자전송]	PRICE [가격]	

고객 시술 현황

20 _____ 년 _____ 월

일	요일	매 출 액	COUSTOMER SEGMENTATION [고객분류]																회원권	점판
			REGULAR [고정단골]				RECOMMENDER [소개/마케팅]				SUBSITUTE [대체]				CASUAL [신규]					
			PERM	COLOR	CUT	ETC	PERM	COLOR	CUT	ETC	PERM	COLOR	CUT	ETC	PERM	COLOR	CUT	ETC		
1																				
2																				
3																				
4																				
5																				
6																				
7																				
8																				
9																				
10																				
11																				
12																				
13																				
14																				
15																				
16																				
17																				
18																				
19																				
20																				
21																				
22																				
23																				
24																				
25																				
26																				
27																				
28																				
29																				
30																				
31																				

REGULAR [고정단골]

명

500

450

400

350

300

250

200

150

100

50

고정
단골

1 2 3 4 5 6 7 8 9 10 11 12 13 14 15 16 17 18 19 20 21 22 23 24 25 26 27 28 29 30 31 일

RECOMMENDER [소개/마케팅]

스타일 유지와 건강한 모발 관리를 위하여 점판은 필수이다. 名道

명
50
45
40
35
30
25
20
15
10
5
소개 마케팅
1 2 3 4 5 6 7 8 9 10 11 12 13 14 15 16 17 18 19 20 21 22 23 24 25 26 27 28 29 30 31 일

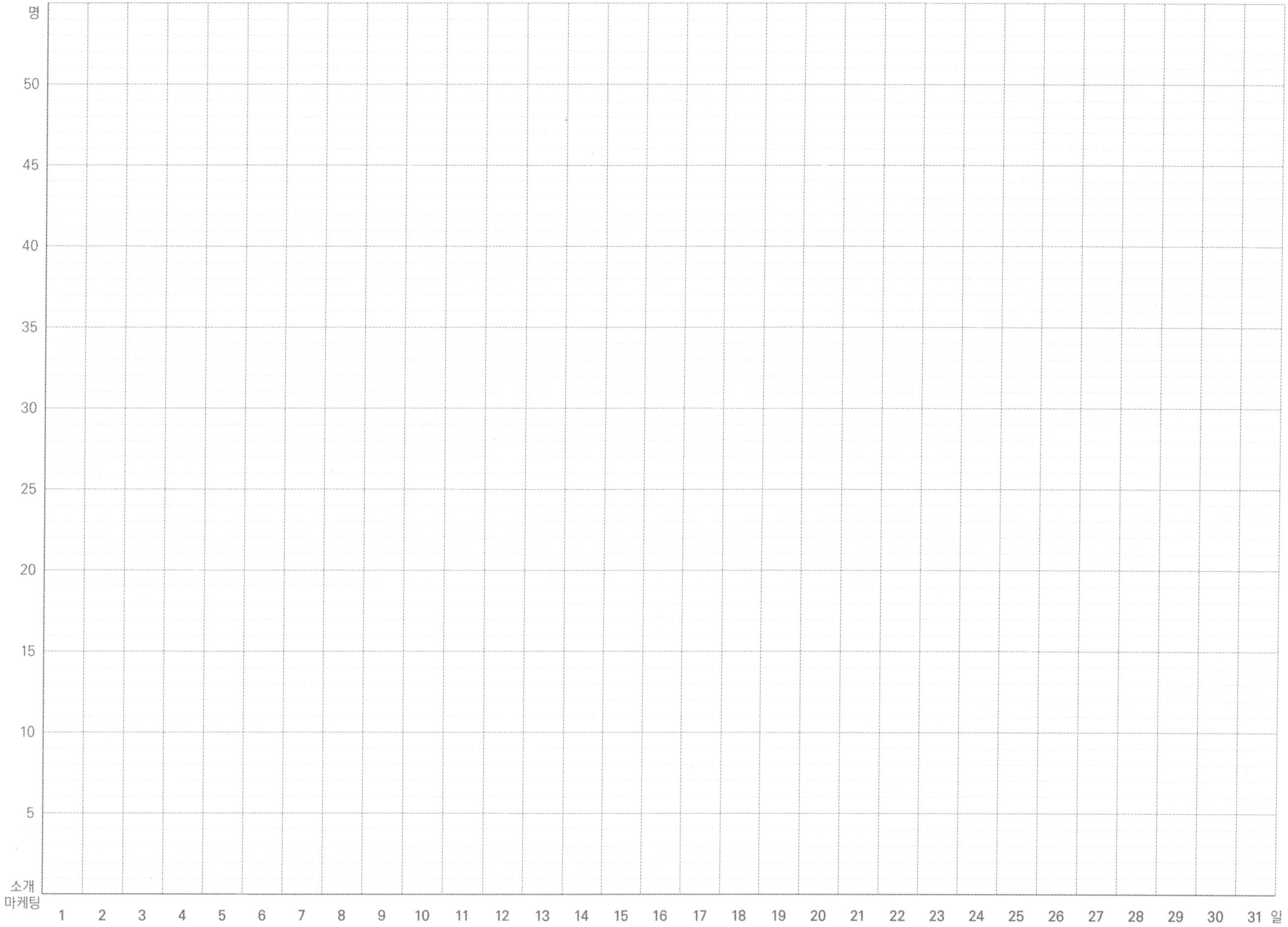

회원권

명	1	2	3	4	5	6	7	8	9	10	11	12	13	14	15	16	17	18	19	20	21	22	23	24	25	26	27	28	29	30	31 일
50																															
45																															
40																															
35																															
30																															
25																															
20																															
15																															
10																															
5																															

회원권
VIP

점판

갯수

100

90

80

70

60

50

40

30

20

10

점판

1 2 3 4 5 6 7 8 9 10 11 12 13 14 15 16 17 18 19 20 21 22 23 24 25 26 27 28 29 30 31 일

MEMO

MEMO

성공하는 미용사를 위한 성/장/노/트/

부자 미용사 ✂ 가난한 미용사

MONTH

가난한 미용사가 되는
가장 확실한 방법

가난한 미용사가 되는

가장 확실한 방법을 알면

부자 미용사가 될 수 있다.

부자 미용사는 마음이 열려 있고,

가난한 미용사는 마음이 닫혀있다.

속도보다 중요한 것은 목표이고
목표보다 중요한 것은 방향이다.

DAY

- 어제까지 온 소개 고객 수 ___ /
- 어제까지 온 고정 고객 수 ___ /
- 어제까지 온 마케팅 고객 수 ___ /
- 어제까지 등록한 VIP 수 ___ /
- 어제까지 제품 판매 개수 ___ /
- 어제까지 받은 대체/신규 수 ___ /

나를 위하여 할 일

ex 3일 후 관심 문자 보내기, 커트연습

오늘 느낀 감사의 글

ex 3시간 넘게 멀리서 오신 고객님

오늘 성장한 일

ex 관심 문자 발송

◇ 오늘의 명언

TIME	NAME [이름]	CS [고객분류]	CL [고객레벨]	PROFESSIONAL		SEX [성별]	A MATTER OF CONCERN	SMILE SERVICE		C [카드]
				SERVICE [시술]	DESCRIPTION [세부사항]		CONCERN [고객관심사항]	SMS-RETURN [문자전송]	PRICE [가격]	

가난한 미용사가 되는
가장 확실한 방법

불만이 "문제"가 되어야지

"불평"이 되면 가난의 늪으로 빠진다.

不滿[불만]이란 마음에 흡족하지 않다는 것이다.

마음에 흡족하지 않기에

그 노력이 다하지 않았는데 원하면 욕심이고

흡족하지 않은 것이 인식되면 더 노력하면 된다.

여기서 자칫 잘못하면 이 불만이

나의 문제가 아닌 주변의 것이 문제로 인식 되는 순간

가난한 미용사의 늪으로 빠지는 첫 번째 길이 된다는 것이다.

고객 수 체크	
• 어제까지 온 소개 고객 수	/
• 어제까지 온 고정 고객 수	/
• 어제까지 온 마케팅 고객 수	/
• 어제까지 등록한 VIP 수	/
• 어제까지 제품 판매 개수	/
• 어제까지 받은 대체/신규 수	/

나를 위하여 할 일

ex 3일 후 관심 문자 보내기, 커트연습

오늘 느낀 감사의 글

ex 3시간 넘게 멀리서 오신 고객님

오늘 성장한 일

ex 관심 문자 발송

DAILY FORM EXPLANATION

20 _____ . _____ . _____ .

TIME	NAME [이름]	CS [고객 분류]	CL [고객 레벨]	PROFESSIONAL		SEX [성별]	A MATTER OF CONCERN	SMILE SERVICE		C [카드]
				SERVICE [시술]	DESCRIPTION [세부사항]		CONCERN [고객관심사항]	SMS-RETURN [문자전송]	PRICE [가격]	

가난한 미용사가 되는
가장 확실한 방법

不平[불평]

사람이든 사물이든 처한 환경에 불만을 품고 불평하는 것,

이것이 아주 일반적인 현상이다.

그러나 이것은 분명히 가난한 미용사가 되는 길이다.

예전에 다니던 미용실은 왜 그만두었는가?

그 미용실에 대해 다시 한번 더 불만과 불평을 늘어놓아라.

그 미용실을 나온 것은 누가 결정한 것인가?

당신이 결정했다.

지금 다니고 있는 미용실을 다니기로 마음먹은 것은 누가 결정했는가?

당신이 결정했다.

DAY

고객 수 체크

- 어제까지 온 소개 고객 수   /
- 어제까지 온 고정 고객 수   /
- 어제까지 온 마케팅 고객 수   /
- 어제까지 등록한 VIP 수   /
- 어제까지 제품 판매 개수   /
- 어제까지 받은 대체/신규 수   /

나를 위하여 할 일

ex 3일 후 관심 문자 보내기, 커트연습

오늘 느낀 감사의 글

ex 3시간 넘게 멀리서 오신 고객님

오늘 성장한 일

ex 관심 문자 발송

DAILY FORM EXPLANATION

20 _____ . _____ . _____ .

◆ 오늘의 명언

| TIME | NAME [이름] | CS [고객 분류] | CL [고객 레벨] | PROFESSIONAL | | A MATTER OF CONCERN | | SMILE SERVICE | | |
				SERVICE [시술]	DESCRIPTION [세부사항]	SEX [성별]	CONCERN [고객관심사항]	SMS-RETURN [문자전송]	PRICE [가격]	C [카드]

가난한 미용사가 되는
가장 확실한 방법

미용사가 미용실을 이직하는 이유는 세 가지이다.

하나, 다시는 미용을 하지 않으려고

둘, 여기보다 다른 곳이 나에게 비전이 있다고 생각해서

셋, 여기에 있는 것보다 새롭게 창업하는 것이 더 낳을 것 같아서

그것이 무엇이든 당신이 결정한 것이다.

당신이 어떤 불만을 품든, 어떠한 불평을 늘어놓든, 당신이 결정했다는 것을 명심하라.

세상 모든 결정은 당신이 한다.

그러나 또다시 당신은 결정이 틀렸다고 생각하지 않고,

본인이 해결하려고 노력하지 않고,

주변 사람에게, 주변 사물에게 불평만을 늘어놓는다.

 DAY

고객 수 체크

- 어제까지 온 소개 고객 수   /
- 어제까지 온 고정 고객 수   /
- 어제까지 온 마케팅 고객 수   /
- 어제까지 등록한 VIP 수   /
- 어제까지 제품 판매 개수   /
- 어제까지 받은 대체/신규 수   /

나를 위하여 할 일

ex 3일 후 관심 문자 보내기, 커트연습

오늘 느낀 감사의 글

ex 3시간 넘게 멀리서 오신 고객님

오늘 성장한 일

ex 관심 문자 발송

DAILY FORM EXPLANATION

20 _____ . _____ . _____ .

💎 오늘의 명언

TIME	NAME [이름]	CS [고객분류]	CL [고객레벨]	PROFESSIONAL		SEX [성별]	A MATTER OF CONCERN	SMILE SERVICE		C [카드]
				SERVICE [시술]	DESCRIPTION [세부사항]		CONCERN [고객관심사항]	SMS-RETURN [문자전송]	PRICE [가격]	

가난한 미용사가 되는
가장 확실한 방법

불만을 하나만 말해 보라.

그러면 또 다른 불만이 생겨날 것이다.

불만은 당신의 능력을 야금야금 갉아먹는다는 것을 명심하라.

불만을 말하며 거울을 보라.

당신의 눈빛은 힘을 잃었으며 열정도 없어지는 것을 볼 것이다.

불만을 말하며 당신의 입을 보라.

미소는 없어지고, 말함과 동시에 머릿속까지도 에너지가 없어질 것이다.

불만을 말하며 당신의 표정을 보라.

더는 당신에게 비전이 없다는 것을 직접 볼 것이다.

DAY

고객 수 체크

- 어제까지 온 소개 고객 수   /
- 어제까지 온 고정 고객 수   /
- 어제까지 온 마케팅 고객 수   /
- 어제까지 등록한 VIP 수   /
- 어제까지 제품 판매 개수   /
- 어제까지 받은 대체/신규 수   /

나를 위하여 할 일

ex 3일 후 관심 문자 보내기, 커트연습

오늘 느낀 감사의 글

ex 3시간 넘게 멀리서 오신 고객님

오늘 성장한 일

ex 관심 문자 발송

DAILY FORM EXPLANATION

20 _____ . _____ . _____ .

◈ 오늘의 명언

TIME	NAME [이름]	CS [고객분류]	CL [고객레벨]	PROFESSIONAL		SEX [성별]	A MATTER OF CONCERN	SMILE SERVICE		C [카드]
				SERVICE [시술]	DESCRIPTION [세부사항]		CONCERN [고객관심사항]	SMS-RETURN [문자전송]	PRICE [가격]	

성공하는 미용사를 위한 성 장 노 트 **부자 미용사 ✗ 가난한 미용사**

가난한 미용사가 되는
가장 확실한 방법

불평은 당신을 서서히 죽이고 있다.

당신이 처음 이곳을 선택할 때는 열정과 비전과 꿈을 가지고 있었지만,

불평이 하나씩 늘어날 때마다 당신은 하나씩 하나씩

당신의 열정과 꿈 그리고 힘을 잃어가고 있을 것이다.

불평을 멈추라!

머릿속에서 불평을 멈추는 연습을 해야 한다.

불평은 마음의 불만이다.

그렇기에 불만은 노력으로 얼마든지 해결할 수 있는

하나의 문제일 뿐이라는 것을 명심하라.

 DAY

나를 위하여 할 일

ex 3일 후 관심 문자 보내기, 커트연습

오늘 느낀 감사의 글

ex 3시간 넘게 멀리서 오신 고객님

오늘 성장한 일

ex 관심 문자 발송

DAILY FORM EXPLANATION

20 _____ . _____ . _____ .

◇ 오늘의 명언

TIME	NAME [이름]	CS [고객분류]	CL [고객레벨]	PROFESSIONAL		SEX [성별]	A MATTER OF CONCERN	SMILE SERVICE		C [카드]
				SERVICE [시술]	DESCRIPTION [세부사항]		CONCERN [고객관심사항]	SMS-RETURN [문자전송]	PRICE [가격]	

가난한 미용사가 되는
가장 확실한 방법

입을 막고, 눈을 감아라!

그림자를 보지 말고 그림자 앞에 있는 빛을 보라!

불만을 밖으로 꺼내지 마라!

불만은 단지 문제일 뿐이다.

당신의 결정과 노력으로 얼마든지 해결할 수 있다.

열정과 비전, 방향을 잃지 마라!

진정한 당신을 잃지 마라!

고객 수 체크

- 어제까지 온 소개 고객 수   /
- 어제까지 온 고정 고객 수   /
- 어제까지 온 마케팅 고객 수   /
- 어제까지 등록한 VIP 수   /
- 어제까지 제품 판매 개수   /
- 어제까지 받은 대체/신규 수   /

나를 위하여 할 일

ex 3일 후 관심 문자 보내기, 커트연습

오늘 느낀 감사의 글

ex 3시간 넘게 멀리서 오신 고객님

오늘 성장한 일

ex 관심 문자 발송

DAILY FORM EXPLANATION

20 _____ . _____ . _____ .

💎 오늘의 명언

TIME	NAME [이름]	CS [고객분류]	CL [고객레벨]	PROFESSIONAL		SEX [성별]	A MATTER OF CONCERN	SMILE SERVICE		C [카드]
				SERVICE [시술]	DESCRIPTION [세부사항]		CONCERN [고객관심사항]	SMS-RETURN [문자전송]	PRICE [가격]	

가난한 미용사가 되는
가장 확실한 방법

당신은 틀린 결정을 한 것이 아니라
실수로 인해 또 하나를 배운 것뿐이다.

부자 미용사는 행복하다.
당신은 부자 미용사이다.

부자 미용사는 불평하지 않는 것이 아니라
처음부터 불평이 없다.

**부자 미용사가 되는 것도
가난한 미용사가 되는 것도
'불평'을 어떻게 다루는가에서
달라진다는 것을 이해하라.**

고객 수 체크

- 어제까지 온 소개 고객 수   /
- 어제까지 온 고정 고객 수   /
- 어제까지 온 마케팅 고객 수   /
- 어제까지 등록한 VIP 수   /
- 어제까지 제품 판매 개수   /
- 어제까지 받은 대체/신규 수   /

나를 위하여 할 일

ex 3일 후 관심 문자 보내기, 커트연습

오늘 느낀 감사의 글

ex 3시간 넘게 멀리서 오신 고객님

오늘 성장한 일

ex 관심 문자 발송

DAY

20 _____ . _____ . _____ .

◆ 오늘의 명언

| TIME | NAME [이름] | CS [고객분류] | CL [고객레벨] | PROFESSIONAL | | A MATTER OF CONCERN | | SMILE SERVICE | | C [카드] |
				SERVICE [시술]	DESCRIPTION [세부사항]	SEX [성별]	CONCERN [고객관심사항]	SMS-RETURN [문자전송]	PRICE [가격]	

가난한 미용사가 되는
가장 확실한 방법

부자 미용사는

불만을 자기의 결단으로 문제로 바꾸고

그 문제를 노력으로써 어떤 결과를 낳고

그 결과가 실패하건 성공하건

그 안에서 끊임없이 성장하는 것을 알고 있다.

가난한 미용사는

불만을 나의 문제가 아니고 주변의 문제로 인식하고

자기 자신을 도피자로 만들 뿐이다.

DAY

고객 수 체크

- 어제까지 온 소개 고객 수   /
- 어제까지 온 고정 고객 수   /
- 어제까지 온 마케팅 고객 수   /
- 어제까지 등록한 VIP 수   /
- 어제까지 제품 판매 개수   /
- 어제까지 받은 대체/신규 수   /

나를 위하여 할 일

ex. 3일 후 관심 문자 보내기, 커트연습

오늘 느낀 감사의 글

ex. 3시간 넘게 멀리서 오신 고객님

오늘 성장한 일

ex. 관심 문자 발송

DAILY FORM EXPLANATION

20 _____ . _____ . _____ .

◆ 오늘의 명언

TIME	NAME [이름]	CS [고객분류]	CL [고객레벨]	PROFESSIONAL		A MATTER OF CONCERN		SMILE SERVICE		
				SERVICE [시술]	DESCRIPTION [세부사항]	SEX [성별]	CONCERN [고객관심사항]	SMS-RETURN [문자전송]	PRICE [가격]	C [카드]

성공하는 미용사를 위한 성장 노트 **부자 미용사 ✂ 가난한 미용사**

가난한 미용사가 되는
가장 확실한 방법

혹시 당신은 삶에 불만이 있는가?

키가 작아서? 외모가 볼품없어서? 눈에 쌍꺼풀이 있거나 없어서?

집안이 힘들거나 못 살아서? 친구와의 관계 혹은 가족 간의 관계가 좋지 않아서?

너무 마르거나 너무 뚱뚱해서? 일이 잘 안 풀리거나 꼬여서?

스텝 간의 문제나 동료 간의 문제 때문에? 연인과의 갈등 때문에?

삶을 살면서 어떠한 불만이든 당신이 결정할 수 있다.

그 불만이 불평이 되는 가난한 미용사가 되거나

그 불만을 해결하는 지혜로운 부자 미용사가 되거나

DAY

고객 수 체크

- 어제까지 온 소개 고객 수   /
- 어제까지 온 고정 고객 수   /
- 어제까지 온 마케팅 고객 수   /
- 어제까지 등록한 VIP 수   /
- 어제까지 제품 판매 개수   /
- 어제까지 받은 대체/신규 수   /

나를 위하여 할 일

ex) 3일 후 관심 문자 보내기, 커트연습

오늘 느낀 감사의 글

ex) 3시간 넘게 멀리서 오신 고객님

오늘 성장한 일

ex) 관심 문자 발송

DAILY FORM EXPLANATION

20 _____ . _____ . _____ .

◈ 오늘의 명언

TIME	NAME [이름]	CS [고객분류]	CL [고객레벨]	PROFESSIONAL		SEX [성별]	A MATTER OF CONCERN	SMILE SERVICE		C [카드]
				SERVICE [시술]	DESCRIPTION [세부사항]		CONCERN [고객관심사항]	SMS-RETURN [문자전송]	PRICE [가격]	

성공하는 미용사를 위한 성 장 노 트 부자 미용사 ✕ 가난한 미용사

가난한 미용사가 되는
가장 확실한 방법

참으로 놀라운 사실 하나는
부자 미용사와 가난한 미용사는
동전에 양면이 있듯
함께 붙어 있다는 것이다.

너무나 감사한 사실은
누구든 부자 미용사를 경험할 수 있고,
또 가난한 미용사를 경험할 수 있다.

양쪽을 모두 경험했기에
그 다음 선택은 당신에게 달려 있다.

부자 미용사를 결정하든지,
가난한 미용사를 결정하든지 말이다.

고객 수 체크

- 어제까지 온 소개 고객 수   /
- 어제까지 온 고정 고객 수   /
- 어제까지 온 마케팅 고객 수   /
- 어제까지 등록한 VIP 수   /
- 어제까지 제품 판매 개수   /
- 어제까지 받은 대체/신규 수   /

나를 위하여 할 일

ex 3일 후 관심 문자 보내기, 커트연습

오늘 느낀 감사의 글

ex 3시간 넘게 멀리서 오신 고객님

오늘 성장한 일

ex 관심 문자 발송

 DAY

DAILY FORM EXPLANATION

20 _____ . _____ . _____ .

◇ 오늘의 명언

TIME	NAME [이름]	CS [고객분류]	CL [고객레벨]	PROFESSIONAL		SEX [성별]	A MATTER OF CONCERN	SMILE SERVICE		C [카드]
				SERVICE [시술]	DESCRIPTION [세부사항]		CONCERN [고객관심사항]	SMS-RETURN [문자전송]	PRICE [가격]	

가난한 미용사가 되는
가장 확실한 방법

기억하라!

불만을 가지고 불평하기 시작하면

핑계를 대고 본인의 합리화를 이야기하고

누군가를 비난하기 시작한다.

이것은 가난한 미용사가 되는 가장 확실한 공식이다.

⊗ 지각한 것을 합리화한다.

⊗ 매출이 적은 이유를 합리화한다.

⊗ 다른 인턴과의 관계가 좋지 않은 것을 합리화한다.

⊗ 동료와의 관계가 좋지 않음을 합리화한다.

⊗ 좋지 않은 결론이 만들어진 것에 대하여 합리화한다.

고객 수 체크

• 어제까지 온 소개 고객 수   /

• 어제까지 온 고정 고객 수   /

• 어제까지 온 마케팅 고객 수   /

• 어제까지 등록한 VIP 수   /

• 어제까지 제품 판매 개수   /

• 어제까지 받은 대체/신규 수   /

나를 위하여 할 일

[ex] 3일 후 관심 문자 보내기, 커트연습

오늘 느낀 감사의 글

[ex] 3시간 넘게 멀리서 오신 고객님

오늘 성장한 일

[ex] 관심 문자 발송

DAY

◇ 오늘의 명언

TIME	NAME [이름]	CS [고객분류]	CL [고객레벨]	PROFESSIONAL		SEX [성별]	A MATTER OF CONCERN	SMILE SERVICE		C [카드]
				SERVICE [시술]	DESCRIPTION [세부사항]		CONCERN [고객관심사항]	SMS-RETURN [문자전송]	PRICE [가격]	

가난한 미용사가 되는
가장 확실한 방법

불만을 가지고 불평하는

가난한 미용사는

⊗ 커트를 하다가 손을 베었다고 합리화한다.

⊗ 펌을 하는 도중에 연화하여 모발이 녹았다고 합리화한다.

⊗ 염색을 하는 데 모발이 녹은 것을 합리화한다.

⊗ 염색 중 두피에 알레르기 반응이 일어남을 합리화한다.

⊗ 단골 고객이 늘어나지 않음을 합리화한다.

⊗ 매출이 늘어나지 않음을 합리화한다.

⊗ 남을 비난하는 것을 합리화한다.

그렇게 본인이 잘못한 모든 것을 합리화한다.

고객 수 체크

• 어제까지 온 소개 고객 수   /

• 어제까지 온 고정 고객 수   /

• 어제까지 온 마케팅 고객 수   /

• 어제까지 등록한 VIP 수   /

• 어제까지 제품 판매 개수   /

• 어제까지 받은 대체/신규 수   /

나를 위하여 할 일

ex 3일 후 관심 문자 보내기, 커트연습

오늘 느낀 감사의 글

ex 3시간 넘게 멀리서 오신 고객님

오늘 성장한 일

ex 관심 문자 발송

 DAY

◈ 오늘의 명언

TIME	NAME [이름]	CS [고객분류]	CL [고객레벨]	PROFESSIONAL		SEX [성별]	A MATTER OF CONCERN	SMILE SERVICE		C [카드]
				SERVICE [시술]	DESCRIPTION [세부사항]		CONCERN [고객관심사항]	SMS-RETURN [문자전송]	PRICE [가격]	

가난한 미용사가 되는
가장 확실한 방법

자기 자신을 방어하기 위하여

자기와 비슷한 사람을 들먹이며

불평을 늘어놓고

군중심리에 핑계를 대고

그러고는 어쩔 수 없는 자기 합리화를 시작하며

합리화의 결론은

문제를 주변 누구에게 떠넘기고

비난을 시작한다.

그러면서 가난한 미용사로 전락한다.

고객 수 체크	
• 어제까지 온 소개 고객 수	/
• 어제까지 온 고정 고객 수	/
• 어제까지 온 마케팅 고객 수	/
• 어제까지 등록한 VIP 수	/
• 어제까지 제품 판매 개수	/
• 어제까지 받은 대체/신규 수	/

나를 위하여 할 일

ex 3일 후 관심 문자 보내기, 커트연습

오늘 느낀 감사의 글

ex 3시간 넘게 멀리서 오신 고객님

오늘 성장한 일

ex 관심 문자 발송

DAILY FORM EXPLANATION

20 _____ . _____ . _____ .

◆ 오늘의 명언

TIME	NAME [이름]	CS [고객분류]	CL [고객레벨]	PROFESSIONAL		SEX [성별]	A MATTER OF CONCERN	SMILE SERVICE		C [카드]
				SERVICE [시술]	DESCRIPTION [세부사항]		CONCERN [고객관심사항]	SMS-RETURN [문자전송]	PRICE [가격]	

가난한 미용사가 되는
가장 확실한 방법

나 또한

불만을 가져 봤고 불평을 늘어놓았고

나를 합리화시키기 위하여

핑계를 대고 남을 비난한 적이 많았다.

기억하라!

누구든 맛있는 것을 먹어 보았기에 맛없는 것을 알고

좋은 것을 경험하였기에 나쁜 것을 아는 것과 같은 이치이다.

다만 두려움에 무서움에

익숙한 것만 먹고, 익숙한 것만 실행한다면.

더 맛있는 것, 더 기쁜 것, 행복한 것을 경험할 수 있겠는가?

고객 수 체크

- 어제까지 온 소개 고객 수   /
- 어제까지 온 고정 고객 수   /
- 어제까지 온 마케팅 고객 수   /
- 어제까지 등록한 VIP 수   /
- 어제까지 제품 판매 개수   /
- 어제까지 받은 대체/신규 수   /

나를 위하여 할 일

ex 3일 후 관심 문자 보내기, 커트연습

오늘 느낀 감사의 글

ex 3시간 넘게 멀리서 오신 고객님

오늘 성장한 일

ex 관심 문자 발송

 DAY

DAILY FORM EXPLANATION

20 _____ . _____ . _____ .

◇ 오늘의 명언

TIME	NAME [이름]	CS [고객분류]	CL [고객레벨]	PROFESSIONAL		SEX [성별]	A MATTER OF CONCERN	SMILE SERVICE		C [카드]
				SERVICE [시술]	DESCRIPTION [세부사항]		CONCERN [고객관심사항]	SMS-RETURN [문자전송]	PRICE [가격]	

가난한 미용사가 되는
가장 확실한 방법

고객 수 체크

- 어제까지 온 소개 고객 수   /
- 어제까지 온 고정 고객 수   /
- 어제까지 온 마케팅 고객 수   /
- 어제까지 등록한 VIP 수   /
- 어제까지 제품 판매 개수   /
- 어제까지 받은 대체/신규 수   /

누구든지 부자 미용사뿐만 아니라,

가난한 미용사도 경험한다.

다만 앞으로 가난한 미용사로 남아있는 것을 선택하든

아니면 부자 미용사가 되겠다고 결단하는 것은 당신의 몫이다.

부자미용사가 되는 첫걸음은 바로

'불평, 합리화, 비난'

이 세 가지를 하지 않는 것이 아니라

멈추는 연습을 하는 것이다.

명심하라!

하지 않는 것이 아니라 멈추는 연습을 하는 것이다.

조금만 방심해도 좋지 않은 어떤 결과에 대해서

다시 불평하게 되고 합리화를 하게 되고

자기도 모르게 주변을 비난하게 된다.

나를 위하여 할 일

ex 3일 후 관심 문자 보내기, 커트연습

오늘 느낀 감사의 글

ex 3시간 넘게 멀리서 오신 고객님

오늘 성장한 일

ex 관심 문자 발송

 DAY

◇ 오늘의 명언

TIME	NAME [이름]	CS [고객분류]	CL [고객레벨]	PROFESSIONAL		SEX [성별]	A MATTER OF CONCERN	SMILE SERVICE		C [카드]
				SERVICE [시술]	DESCRIPTION [세부사항]		CONCERN [고객관심사항]	SMS-RETURN [문자전송]	PRICE [가격]	

가난한 미용사가 되는
가장 확실한 방법

'불평', '합리화', '비난'

이 세 가지는 언제나 당신 곁에 존재할 것이다.

사람이라면 당연하다.

이 세 가지는 불만에서 시작된다.

어떤 상황에서든 불만이 시작되면 당신은 어둠으로 들어갈 것이다.

행복하지 않을 것이다. 불만과 행복은 반대의 길이기 때문이다.

"불만"은 한문으로 "不滿", 즉 아니 불[不], 찰 만[滿]이다.

불만은 누가 결정하는가?

그렇다. 바로 당신이 결정한다.

 DAY

DAILY FORM EXPLANATION

20 _____ . _____ . _____ .

💎 오늘의 명언

TIME	NAME [이름]	CS [고객분류]	CL [고객레벨]	PROFESSIONAL		SEX [성별]	A MATTER OF CONCERN	SMILE SERVICE		C [카드]
				SERVICE [시술]	DESCRIPTION [세부사항]		CONCERN [고객관심사항]	SMS-RETURN [문자전송]	PRICE [가격]	

가난한 미용사가 되는
가장 확실한 방법

당신은 당신이 아닌

주변 인턴이나 동료 미용사

심지어 관리자나 운영자일지라도

불만을 이야기하는 사람을 만나게 될 것이다.

불만을 이야기하는 사람들은 너무나 많다.

당신이 아직 멈추는 법을 모를 때에는

당신은 금방 그 불만에 휩싸여 정신을 못 차릴 것이다.

함께 동조되며 그 이야기를 즐기고 있을 것이다.

DAY

고객 수 체크

- 어제까지 온 소개 고객 수   /
- 어제까지 온 고정 고객 수   /
- 어제까지 온 마케팅 고객 수   /
- 어제까지 등록한 VIP 수   /
- 어제까지 제품 판매 개수   /
- 어제까지 받은 대체/신규 수   /

나를 위하여 할 일

[ex] 3일 후 관심 문자 보내기, 커트연습

오늘 느낀 감사의 글

[ex] 3시간 넘게 멀리서 오신 고객님

오늘 성장한 일

[ex] 관심 문자 발송

◈ 오늘의 명언

TIME	NAME [이름]	CS [고객분류]	CL [고객레벨]	PROFESSIONAL		A MATTER OF CONCERN		SMILE SERVICE		
				SERVICE [시술]	DESCRIPTION [세부사항]	SEX [성별]	CONCERN [고객관심사항]	SMS-RETURN [문자전송]	PRICE [가격]	C [카드]

가난한 미용사가 되는
가장 확실한 방법

나는 다른 사람의 불평을 들어주는 것이
서로를 위한 소통이라고 생각한 적이 있었다.

아마 대부분 사람이 상대방의 불평을 들어주는 것이
배려나 이해 혹은 소통이라고 착각할 것이다.
이때 당신도 같은 불평을 가진 것을 상대방이 듣게 된다면
상대방은 당신을 마음을 나누는 아군으로 생각할 것이다.

**그리고 끝없는 불평으로 시작된 시간은
결국 당신을 집어삼킬 것이다.**

 DAY

고객 수 체크

- 어제까지 온 소개 고객 수   /
- 어제까지 온 고정 고객 수   /
- 어제까지 온 마케팅 고객 수   /
- 어제까지 등록한 VIP 수   /
- 어제까지 제품 판매 개수   /
- 어제까지 받은 대체/신규 수   /

나를 위하여 할 일

ex 3일 후 관심 문자 보내기, 커트연습

오늘 느낀 감사의 글

ex 3시간 넘게 멀리서 오신 고객님

오늘 성장한 일

ex 관심 문자 발송

DAILY FORM EXPLANATION

20 _____ . _____ . _____ .

◈ 오늘의 명언

TIME	NAME [이름]	CS [고객분류]	CL [고객레벨]	PROFESSIONAL		SEX [성별]	A MATTER OF CONCERN	SMILE SERVICE		C [카드]
				SERVICE [시술]	DESCRIPTION [세부사항]		CONCERN [고객관심사항]	SMS-RETURN [문자전송]	PRICE [가격]	

가난한 미용사가 되는
가장 확실한 방법

이 순간이 가장 중요하다.

분명히 이런 일들은 매일같이 혹은 언제나 일어날 것이다.

최고의 방법은 그 자리를 피하는 것이다.

피할 수 없는 자리라면 과감히 이렇게 말하라!

"저 일이 있어서 먼저 일어나겠습니다."라고 말이다.

그리고 얼른 그 자리를 나와라.

 DAY

고객 수 체크

- 어제까지 온 소개 고객 수   /
- 어제까지 온 고정 고객 수   /
- 어제까지 온 마케팅 고객 수   /
- 어제까지 등록한 VIP 수   /
- 어제까지 제품 판매 개수   /
- 어제까지 받은 대체/신규 수   /

나를 위하여 할 일

ex 3일 후 관심 문자 보내기, 커트연습

오늘 느낀 감사의 글

ex 3시간 넘게 멀리서 오신 고객님

오늘 성장한 일

ex 관심 문자 발송

◈ 오늘의 명언

TIME	NAME [이름]	CS [고객분류]	CL [고객레벨]	PROFESSIONAL		SEX [성별]	A MATTER OF CONCERN	SMILE SERVICE		C [카드]
				SERVICE [시술]	DESCRIPTION [세부사항]		CONCERN [고객관심사항]	SMS-RETURN [문자전송]	PRICE [가격]	

가난한 미용사가 되는
가장 확실한 방법

만약 도저히 피하거나 나올 수 없는 자리라면

주문을 외워라!

끊임없이 마음속으로 주문을 외워라!

"저를 시험에 들게 하지 마옵시고

다만 가난에서 구하소서."

부미사불합비, 부미사불합비, 부미사불하비….

부자 미용사는 불평, 합리화, 비난하지 않는다.

고객 수 체크

• 어제까지 온 소개 고객 수   /
• 어제까지 온 고정 고객 수   /
• 어제까지 온 마케팅 고객 수   /
• 어제까지 등록한 VIP 수   /
• 어제까지 제품 판매 개수   /
• 어제까지 받은 대체/신규 수   /

나를 위하여 할 일

ex 3일 후 관심 문자 보내기, 커트연습

오늘 느낀 감사의 글

ex 3시간 넘게 멀리서 오신 고객님

오늘 성장한 일

ex 관심 문자 발송

DAY

DAILY FORM EXPLANATION

20 _____ . _____ . _____ .

💎 오늘의 명언

TIME	NAME [이름]	CS [고객분류]	CL [고객레벨]	PROFESSIONAL		SEX [성별]	A MATTER OF CONCERN	SMILE SERVICE		C [카드]
				SERVICE [시술]	DESCRIPTION [세부사항]		CONCERN [고객관심사항]	SMS-RETURN [문자전송]	PRICE [가격]	

가난한 미용사가 되는
가장 확실한 방법

어떤 상황에서든 불만을 인식하게 된다면 불만을 멈춰야 한다.

그 불만은 분명 당신만 가지고 있지 않다.

다만, 불만을 멈추고 생각하라!

그 불만을 어떻게 배움으로 승화시킬 것인지,

그 불만을 어떻게 문제로 인식해 성장으로 변화시킬 것인지를 말이다.

사실 불만은 성장으로 향하는 문제이고

문제 해결은 행복으로 가는 문이다.

불만을 멈추고,

불만을 문제로 노력으로 실행으로 해결법을 찾는다면

당신은 비로소

그 불만이 행복으로 바뀌는 기적을 경험하게 될 것이다.

 DAY

고객 수 체크

- 어제까지 온 소개 고객 수   /
- 어제까지 온 고정 고객 수   /
- 어제까지 온 마케팅 고객 수   /
- 어제까지 등록한 VIP 수   /
- 어제까지 제품 판매 개수   /
- 어제까지 받은 대체/신규 수   /

나를 위하여 할 일

[ex] 3일 후 관심 문자 보내기, 커트연습

오늘 느낀 감사의 글

[ex] 3시간 넘게 멀리서 오신 고객님

오늘 성장한 일

[ex] 관심 문자 발송

◇ 오늘의 명언

TIME	NAME [이름]	CS [고객분류]	CL [고객레벨]	PROFESSIONAL		SEX [성별]	A MATTER OF CONCERN	SMILE SERVICE		C [카드]
				SERVICE [시술]	DESCRIPTION [세부사항]		CONCERN [고객관심사항]	SMS-RETURN [문자전송]	PRICE [가격]	

가난한 미용사가 되는
가장 확실한 방법

고객 수 체크

- 어제까지 온 소개 고객 수   /
- 어제까지 온 고정 고객 수   /
- 어제까지 온 마케팅 고객 수   /
- 어제까지 등록한 VIP 수   /
- 어제까지 제품 판매 개수   /
- 어제까지 받은 대체/신규 수   /

고객을 화나게 하는 세 가지를 하면 된다.

1 첫째, 무관심이다.

그건 나와 상관없다는 태도이다.

2 둘째, 냉담이다.

무엇을 해도 차갑고 퉁명스러운 태도로 말한다.

3 셋째, 로봇화와 규정 제일주의다.

모든 것이 기계적으로 움직이고 규정만을 따지려 한다.

그렇다면 당신은 반드시 고객을 화나게 할 것이다.

나를 위하여 할 일

ex) 3일 후 관심 문자 보내기, 커트연습

오늘 느낀 감사의 글

ex) 3시간 넘게 멀리서 오신 고객님

오늘 성장한 일

ex) 관심 문자 발송

 DAY

DAILY FORM EXPLANATION

20 _____ . _____ . _____ .

◈ 오늘의 명언

TIME	NAME [이름]	CS [고객분류]	CL [고객레벨]	PROFESSIONAL		SEX [성별]	A MATTER OF CONCERN	SMILE SERVICE		C [카드]
				SERVICE [시술]	DESCRIPTION [세부사항]		CONCERN [고객관심사항]	SMS-RETURN [문자전송]	PRICE [가격]	

부자 미용사의 마음 연결성

다른 사람의 다른 마음과 연결되면 나 자신의 새 삶이 시작된다.

연결성이란 무엇인가?

그것은 상대에게서 감사함과 고마움을, 애정과 미소를 느끼는 것이다.

그것은 고객에게서 감사함과 고마움을, 애정과 미소를 느끼는 것이다.

이렇게 말해 보자!

"고맙습니다." "감사합니다."

혹시나 당신의 마음을 가로막는

이유가 있다면

세 가지를 찾아서 적어보자.

고객 수 체크

- 어제까지 온 소개 고객 수   /
- 어제까지 온 고정 고객 수   /
- 어제까지 온 마케팅 고객 수   /
- 어제까지 등록한 VIP 수   /
- 어제까지 제품 판매 개수   /
- 어제까지 받은 대체/신규 수   /

나를 위하여 할 일

ex) 3일 후 관심 문자 보내기, 커트연습

오늘 느낀 감사의 글

ex) 3시간 넘게 멀리서 오신 고객님

오늘 성장한 일

ex) 관심 문자 발송

20 _____ . _____ . _____ .

💎 오늘의 명언

TIME	NAME [이름]	CS [고객분류]	CL [고객레벨]	PROFESSIONAL		SEX [성별]	A MATTER OF CONCERN	SMILE SERVICE		C [카드]
				SERVICE [시술]	DESCRIPTION [세부사항]		CONCERN [고객관심사항]	SMS-RETURN [문자전송]	PRICE [가격]	

성공하는 미용사를 위한 성 장 노 트 부자 미용사 가난한 미용사

잘 되는 미용실은
뭔가 달라도 다르다

1   카톡이 다르다.
     서로에게 굿모닝 명언, 축복과 관심의 메시지, 격려의 한 마디를 보낸다.

2   만나면 서로 하이파이브로 인사하며,
     기분을 업시키고 일과를 시작한다.

3   새마을 체조 등으로 스트레칭을 하며 몸과 마음을 가볍게 한다.

4   서로서로 도울 것을 먼저 찾는다.
     그들이 미용사이건 인턴이건 상관없이 말이다.

5   "고맙습니다." "감사합니다." 인사를 아낌없이 나눈다.

6   서로에게 따뜻한 격려의 메시지를 보낸다.

 DAY

고객 수 체크

• 어제까지 온 소개 고객 수   /
• 어제까지 온 고정 고객 수   /
• 어제까지 온 마케팅 고객 수   /
• 어제까지 등록한 VIP 수   /
• 어제까지 제품 판매 개수   /
• 어제까지 받은 대체/신규 수   /

나를 위하여 할 일

[ex] 3일 후 관심 문자 보내기, 커트연습

오늘 느낀 감사의 글

[ex] 3시간 넘게 멀리서 오신 고객님

오늘 성장한 일

[ex] 관심 문자 발송

DAILY FORM EXPLANATION

20 _____ . _____ . _____ .

TIME	NAME [이름]	CS [고객분류]	CL [고객제별]	PROFESSIONAL		A MATTER OF CONCERN		SMILE SERVICE		C [카드]
				SERVICE [시술]	DESCRIPTION [세부사항]	SEX [성별]	CONCERN [고객관심사항]	SMS-RETURN [문자전송]	PRICE [가격]	

마지막 하고 싶은 말

고객 수 체크

- 어제까지 온 소개 고객 수   /
- 어제까지 온 고정 고객 수   /
- 어제까지 온 마케팅 고객 수   /
- 어제까지 등록한 VIP 수   /
- 어제까지 제품 판매 개수   /
- 어제까지 받은 대체/신규 수   /

부자 미용사란?

☑ '불평', '합리화', '비난'하지 않는 미용사이다.

☑ 매출액이 점점 많아지는 미용사이다.

☑ 단골 고객이 점점 많아지는 미용사이다.

☑ 소개 고객이 고정 고객 대비 20% 이상인 미용사이다.

☑ 한 달 수익이 점점 많아지는 미용사이다.

나를 위하여 할 일

ex 3일 후 관심 문자 보내기, 커트연습

오늘 느낀 감사의 글

ex 3시간 넘게 멀리서 오신 고객님

오늘 성장한 일

ex 관심 문자 발송

 DAY

DAILY FORM EXPLANATION

20 _____ . _____ . _____ .

◈ 오늘의 명언

TIME	NAME [이름]	CS [고객분류]	CL [고객레벨]	PROFESSIONAL		SEX [성별]	A MATTER OF CONCERN	SMILE SERVICE		C [카드]
				SERVICE [시술]	DESCRIPTION [세부사항]		CONCERN [고객관심사항]	SMS-RETURN [문자전송]	PRICE [가격]	

성공하는 미용사를 위한 성장노트 **부자 미용사** ╳ 가난한 미용사

마지막 하고 싶은 말

가난한 미용사란?

☑ '불평', '합리화', '비난'하는 미용사이다.

☑ 매출액이 멈추거나 점점 적어지는 미용사이다.

☑ 단골 고객이 멈추거나 점점 적어지는 미용사이다.

☑ 소개 고객이 고정 고객 대비 3% 미만인 미용사이다.

☑ 한 달 수익이 점점 적어지는 미용사이다.

가장 중요한 것은 남과 비교하는 것이 아닌
어제의 당신, 지난달의 당신, 일 년 전의 당신과 비교해야
부자 미용사와 가난한 미용사가 판가름 난다는 것을
잊지 말아라.

 DAY

고객 수 체크

- 어제까지 온 소개 고객 수   /
- 어제까지 온 고정 고객 수   /
- 어제까지 온 마케팅 고객 수   /
- 어제까지 등록한 VIP 수   /
- 어제까지 제품 판매 개수   /
- 어제까지 받은 대체/신규 수   /

나를 위하여 할 일

ex) 3일 후 관심 문자 보내기, 커트연습

오늘 느낀 감사의 글

ex) 3시간 넘게 멀리서 오신 고객님

오늘 성장한 일

ex) 관심 문자 발송

💎 오늘의 명언

TIME	NAME [이름]	CS [고객분류]	CL [고객레벨]	PROFESSIONAL		A MATTER OF CONCERN		SMILE SERVICE		
				SERVICE [시술]	DESCRIPTION [세부사항]	SEX [성별]	CONCERN [고객관심사항]	SMS-RETURN [문자전송]	PRICE [가격]	C [카드]

성공하는 미용사를 위한 성 장 노 트 부자 미용사 ✂ 가난한 미용사

고객 시술 현황

20 _____ 년 _____ 월

일	요일	매 출 액	COUSTOMER SEGMENTATION [고객분류]																회원권	점판
			REGULAR [고정단골]				RECOMMENDER [소개/마케팅]				SUBSITUTE [대체]				CASUAL [신규]					
			PERM	COLOR	CUT	ETC	PERM	COLOR	CUT	ETC	PERM	COLOR	CUT	ETC	PERM	COLOR	CUT	ETC		
1																				
2																				
3																				
4																				
5																				
6																				
7																				
8																				
9																				
10																				
11																				
12																				
13																				
14																				
15																				
16																				
17																				
18																				
19																				
20																				
21																				
22																				
23																				
24																				
25																				
26																				
27																				
28																				
29																				
30																				
31																				

REGULAR [고정단골]

명

500

450

400

350

300

250

200

150

100

50

고정
단골

1　2　3　4　5　6　7　8　9　10　11　12　13　14　15　16　17　18　19　20　21　22　23　24　25　26　27　28　29　30　31 일

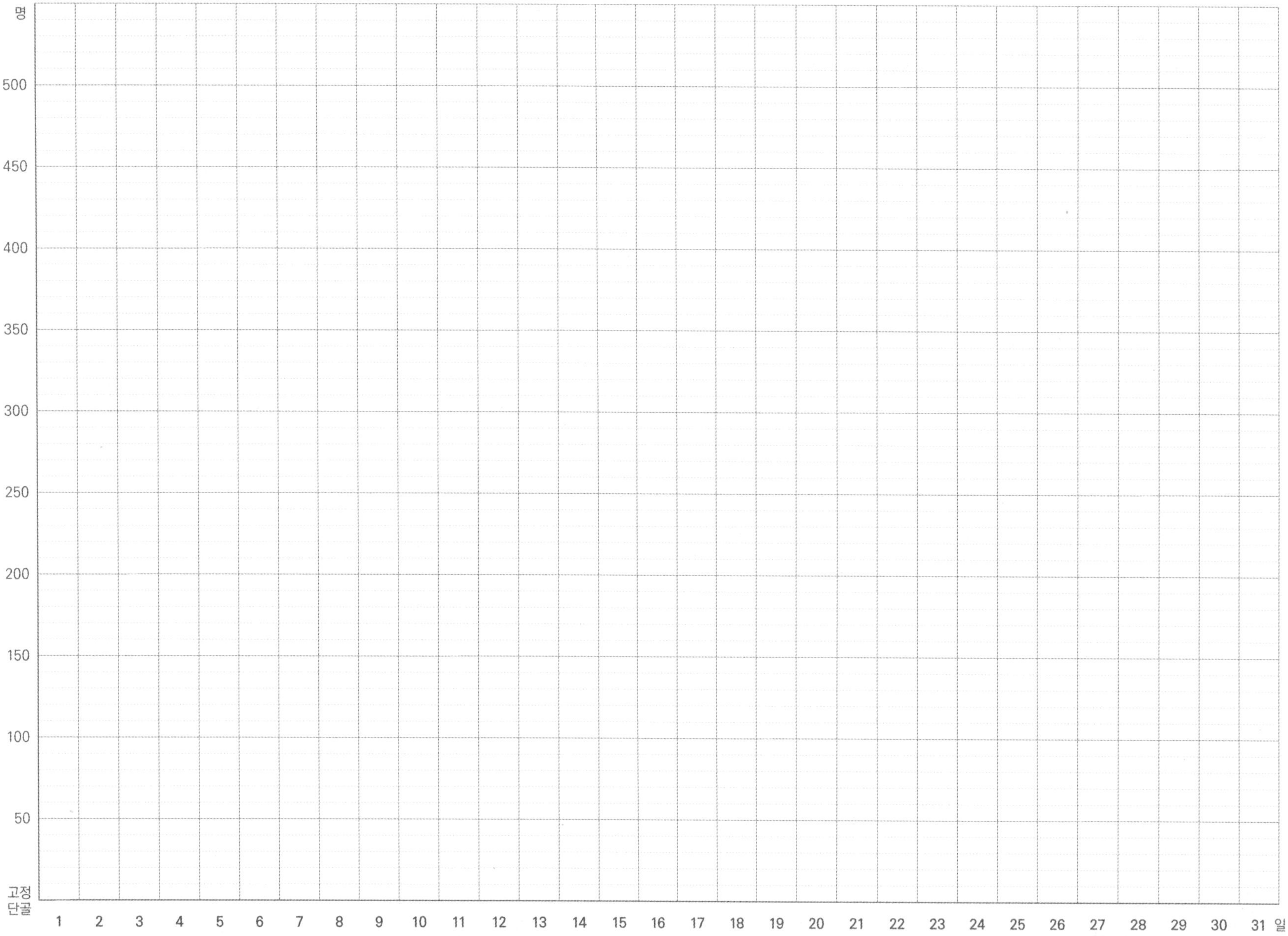

RECOMMENDER [소개/마케팅]

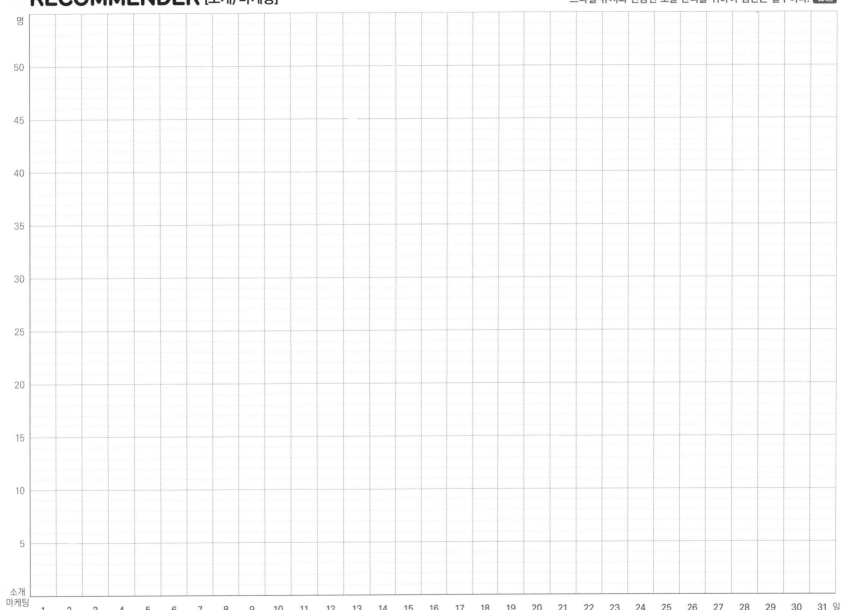

명

50

45

40

35

30

25

20

15

10

5

소개
마케팅

1 2 3 4 5 6 7 8 9 10 11 12 13 14 15 16 17 18 19 20 21 22 23 24 25 26 27 28 29 30 31 일

회원권

명

50

45

40

35

30

25

20

15

10

5

회원권
VIP

| 1 | 2 | 3 | 4 | 5 | 6 | 7 | 8 | 9 | 10 | 11 | 12 | 13 | 14 | 15 | 16 | 17 | 18 | 19 | 20 | 21 | 22 | 23 | 24 | 25 | 26 | 27 | 28 | 29 | 30 | 31 일 |

점판

갯수

100

90

80

70

60

50

40

30

20

10

점판

1 2 3 4 5 6 7 8 9 10 11 12 13 14 15 16 17 18 19 20 21 22 23 24 25 26 27 28 29 30 31 일

MEMO

MEMO

부자 미용사가 되기 위한
50가지 실천 목표

1. 목표를 매주, 매일 단위로 나누고, 목표를 달성하려는 강한 신념과 구체적인 계획을 세워라.

2. 목표 달성을 위해 이달의 이벤트를 행하라.

3. 3일 전 시술 고객에게 스타일 손질이 잘 되는지 관심 문자를 보내라.

4. 단골 고객에게 지인을 소개해 달라고 부탁하라.

5. 목표를 달성하지 못하면 쉬는 날도 예약을 받아라.

6. 그리고 또다시 기대치에 도달할 때까지 도전하라.

7. 함께 일한 분들에게 감사의 말을 빼놓지 마라.

8. 불만과 불평을 멈추어라.

9. 당신을 도와준 사람을 찾아라.

10. 그리고 그 사람에게 고마움의 말을 전하라.

11. 문자나 카톡으로 당신의 진정한 관심을 매일 꾸준히 전해보라.

12. 최선을 다해 가르치고 또 가르쳐라.

13. 한 명보다는 둘이서 고객을 케어하라.

14. 이기심, 자존심, 자만심을 버리려고 노력하라.

15. 인턴들에게 힘이 되어주는 말, 응원의 말을 많이 하라.

16. 한 명 한 명 인사하며 감사의 말을 빼놓지 마라.

17. 반갑게 하이파이브로 인사하라.

18. 인턴들의 컨디션을 최고로 만들어 주려고 노력하라.

19. 아침은 거르지 않았는지 걱정하고, 점심은 먼저 챙겨라.

20. 애정이 어린 관심의 말 한마디를 아끼지 마라.

21. 미소 짓는 멋진 당신 사진을 보라.

22. 아침에 일어나자마자 머릿속으로 생각하라.

23. 그리고 세 번 크게 외쳐라. "나는 밝고 미소 짓는 사람이다."

24. 큰소리로 밝게 인사하라. 그리고 그것을 상상하고 연습하라.

25. 지금 핸드폰을 켜라.

26. 녹음 애플리케이션의 녹음 기능을 켜서 자신의 말을 녹음하라.

27. 잠들기 전 녹음한 것을 들어라.

부자 미용사가 되기 위한 50가지 실천 목표

28. 성장에 관한 이야기를 많이 했는지 쓸데없는 이야기로 시간을 낭비했는지 생각하라.

29. 늘 고객을 위한 생각을 먼저 하라.

30. 미용사를 위한 성장노트를 읽고 기록하라.

31. 오늘은 어제의 미용사보다 더욱 부자 미용사가 되어라.

32. 고객 방문 시 재미있게 해 주라,

33. 고객을 기쁘게 해 주라,

34. 고객이 나갈 때 행복한 기분으로 보내라,

35. 고객이 나를 기억하게 하라.

36. 모든 고객에게 가벼운 안부를 물어라.

37. 카톡 등의 SNS로 한 분 한 분에게 관심 톡을 보내라.

38. 고객에게 매일 관심 문자를 보내라.

39. 시술 시 고객과 자연스럽게 대화를 하라.

40. 시술 마무리 시 헤어스타일을 집에서 최대한 비슷하게 손질할 수 있도록 알려 주라.

41. 성공하는 미용사를 위한 성장노트에 메모해 놓으라.

42. 머리 손질이 잘되었는지, 불만 사항은 없는지 등의 문자로 하루를 마무리하라.

43. 온통 고객을 위한 생각만 한다.

44. 다른 미용사에게 부족한 것을 물어보고 배우려 하라.

45. 항시 밝은 모습으로 모두에게 인사하라.

46. 상대방의 말을 연속 두 번 따라 하라.

47. '불평, 합리화, 비난' 이 세 가지를 하지 않는 것이 아니라 멈추는 연습해라.

48. 피할 수 없는 자리라면 과감히 이렇게 말하라. "저 일이 있어서 먼저 일어나겠습니다."

49. 만약 도저히 피하거나 나올 수 없는 자리라면 끊임없이 주문을 외워라!

50. 늘 이렇게 말하라. "고맙습니다." "감사합니다."

MEMO